伟大的旋律
18位传奇古典音乐家趣谈

[韩]宋纱榧 著
胡梅丽 译

电子工业出版社
Publishing House of Electronics Industry
北京·BEIJING

송사비의 클래식 음악야화, 밤에 읽는 클래식 이야기

Copyright ⓒ 2021 by Song Sabi & 1458music

All rights reserved.

Original Korean edition was published by 1458music in 2021

Simplified Chinese Translation Copyright ⓒ 2024 by Publishing House of Electronics Industry Co.,Ltd.

Chinese translation rights arranged with by 1458music through AnyCraft-HUB Corp., Seoul, Korea & Beijing Kareka Consultation Center, Beijing, China.

本书原本由1458 music出版，并经其授权翻译出版。版权所有，侵权必究。

版权贸易合同登记号　图字：01-2022-4315

图书在版编目（CIP）数据

伟大的旋律：18位传奇古典音乐家趣谈 /（韩）宋纱鞴著；胡梅丽译. -- 北京：电子工业出版社，2024.
8. -- ISBN 978-7-121-48258-8
Ⅰ. K815.76-49
中国国家版本馆CIP数据核字第20247L7Q40号

责任编辑：于庆芸　特约编辑：马　鑫
印　　刷：天津市银博印刷集团有限公司
装　　订：天津市银博印刷集团有限公司
出版发行：电子工业出版社
　　　　　北京市海淀区万寿路173信箱　邮编：100036
开　　本：880×1230　1/32　印张：11.625　字数：372千字
版　　次：2024年8月第1版
印　　次：2024年8月第1次印刷
定　　价：99.00元

凡所购买电子工业出版社图书有缺损问题，请向购买书店调换。若书店售缺，请与本社发行部联系，联系及邮购电话：（010）88254888，88258888。
质量投诉请发邮件至zlts@phei.com.cn，盗版侵权举报请发邮件至dbqq@phei.com.cn。
本书咨询联系方式：（010）88254161～88254167转1897。

说明

1. 书中作品集名、乐章名、单曲名、书籍名和电影名用《》符号标记。
2. 作曲家的别称用""符号标记。
3. 人名、地名多采用中国网站或书籍中使用较多的翻译方式,极少数没有惯用翻译的词汇,按照发音进行音译。
4. 当书中出现多名同一姓氏的人物时,为了方便阅读,只有主人公用姓氏来称呼。
5. 在阅读本书的过程中,建议您自行查找并聆听书中提到的相关音乐作品,这样可以更加身临其境地体验书中的内容,让您的阅读之旅更加丰富和深刻。

让阅读更有趣的方法

本书主要根据不同的音乐思潮编写而成，但是并非必须按顺序阅读。下面给大家简单整理几个主题，可以按照主题，先阅读喜欢的作曲家的章节，这样能更有趣味地享受作曲家的故事。

1. 我是浪漫主义者，想了解作曲家炙热的爱情故事，从介绍他们的章节开始阅读。

德彪西　舒曼　贝多芬　李斯特　斯特拉文斯基

2. 我是"古典音乐一无所知派"，可以从介绍他们的章节开始阅读。

莫扎特　贝多芬　舒伯特　肖邦　巴赫　亨德尔

3. 古典音乐中我最喜欢钢琴曲，可以从介绍他们的章节开始阅读。

肖邦　李斯特　拉赫玛尼诺夫

4. 想仔细了解那些不知道曲名，但至少听过一次的曲子，可以从介绍他们的章节开始阅读。

维瓦尔第　海顿　门德尔松　瓦格纳

5. 想按照顺序了解音乐史。

请按正常顺序阅读，感受不同音乐思潮下古典音乐的变化。

前奏曲

音乐是什么时候产生的呢？许多学者认为，早在原始人狩猎时期，音乐就已经存在了。不过，那时可以说是音乐的黑暗时期，比起艺术领域，这个时期的音乐更接近于沟通的手段，所以没有人知道音乐明确的出现时间点，只是在古代壁画或文物中找到类似乐器和乐谱的痕迹后，才推测出"原来那时已经有音乐了"。

但是，人类从诞生之初，"音乐"就已经遍及全程。从我们出生到死亡，心脏一直都在"演奏"着某种旋律。进一步往前追溯，当我们还是胎儿的时候，就已经在母亲的心跳节奏中慢慢长大。所以，也许在那些我们还见不到光的时候，音乐就已经陪伴在我们身边了。

说起音乐，假如我们以"你喜欢什么音乐？"作为开场白的提问，能得到的回答要比想象中的多。你喜欢什么样的氛围、什么音调？你是急性子的人，还是慢性子的人？你是容易三心二意的人，还是能专心致志的人？通过你喜欢的曲子就可以表现出来。

与此同时，音乐和我们也在朝着无法预测的方向不断变化着。例如，五年前我非常喜欢听的曲子，现在已经不再听了。其实作曲家们也一样，也是在不断变化的。

出生后第一次尝试写的曲子、为了向爱人表白而写的曲子、国家被占领后为了宣泄情绪写的曲子、去留学时体验到新事物写的曲子……听着这些曲子，偶尔会让人产生"这是同一个人写的曲子吗？"这样的疑惑，因为这些曲子呈现了各种各样的面孔。就如同我们的成长过程一样，一位作曲家的音乐世界也在不断变化之中。

所以本书的出发点是"为什么"。

为什么这个人写了这首曲子？

为什么这个人做出了这样的决定？

为什么这个人活着的时候没有取得成功？

为了找到这些问题的答案，我仔细研究了十八位作曲家的生平。希望你合上书本后，能对他们有更多的了解，出于这样的想法，我写下了他们的音乐故事。

♪

你喜欢古典音乐吗？

如果你的回答是"喜欢"，那我应该会非常兴奋，笑着问你喜欢哪位作曲家的作品，并告诉你，我喜欢的曲子是哪一首。但是如果你的回答是"不喜欢"，那也没关系，也许在看完本书后，说不定你会爱上它们，或者喜欢上一两首古典乐曲。

总而言之，我希望我写的文章能在某个瞬间温暖到你。抱着这样的愿望，我写下了这篇文章。最后，祝你度过一个宁静的夜晚！

2021年新年伊始

宋纱棑

目录

第1乐章　巴洛克时代

01 公共场所播放的曲子大多是我作的
　　维瓦尔第　005

02 著名的音乐之父，真正的多胞胎父亲
　　巴赫　023

03 我其实不是音乐之母
　　亨德尔　039

♪　为了唱歌进行阉割！阉伶的真实状况　053

第2乐章　古典时代

04 古典时代的创意库——培养出无数音乐家的真老师
　　海顿　063

05 全世界最著名的古典音乐作曲家
　　莫扎特　081

06 失聪也没关系，古典时代的终结者
　　贝多芬　097

♪　冗长且复杂的古典音乐曲名的秘密！　119

第3乐章　浪漫时代

07 看着让人不由心生嫉妒，音乐史上最富裕的富二代
门德尔松　127

08 写出了无数爱情歌曲，却没能真正得到爱情的歌曲之王
舒伯特　143

09 深爱着波兰的钢琴诗人
肖邦　159

10 最好的钢琴家仍然是他，浪漫时代的花美男
李斯特　177

♪　演出中到底应该在什么时候鼓掌？　194

11 音乐史上最有名的三角关系
舒曼和克拉拉　197

12 爱上老师的夫人！被称为"贝多芬转世"的男人
勃拉姆斯　213

13 浪漫时代的综合艺术家，和希特勒有什么关系
瓦格纳　229

第4乐章　印象主义时代

14　音乐史上有名的花花公子，印象主义第一人
　　德彪西　259

15　我和音乐结婚了，自由的艺术家
　　拉威尔　273

终曲　俄国作曲家"三人组"

16　著名的芭蕾舞曲几乎都是我写的
　　柴可夫斯基　293

♪　柴可夫斯基的三大芭蕾舞剧　308

17　简直不是人的手
　　拉赫玛尼诺夫　311

18　演出途中逃跑的20世纪芭蕾舞曲大师
　　斯特拉文斯基　329

♪　斯特拉文斯基的三大芭蕾舞剧　349

加演　352

参考文献　354

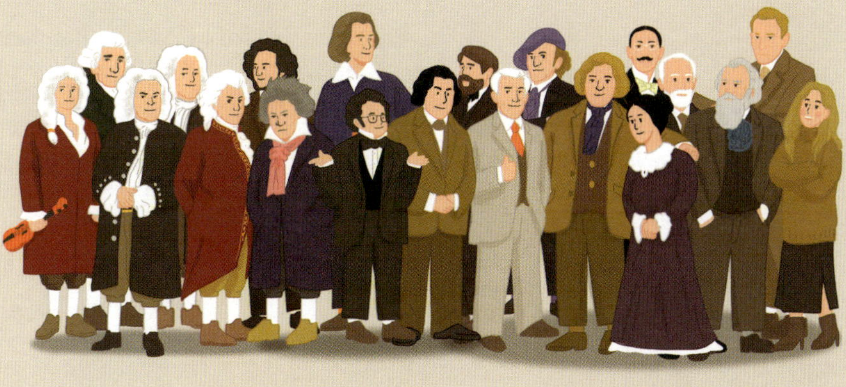

第1乐章

巴洛克时代

01 维瓦尔第
02 巴赫
03 亨德尔

巴洛克时代

巴洛克时代是一种风格所处的时代,指自17世纪初直至18世纪上半叶,流行于欧洲的主要艺术风格时期。在这个时代,不止音乐、美术、建筑等所有的艺术形式都得到了空前的发展。仅就音乐领域而言,与此前以单声部为主的时代(文艺复兴)相比,这个时代以多声部为主,旋律变化繁多,伴奏也偏为华丽。

"巴洛克"这个词来自葡萄牙语,意为"扭曲的珍珠"。珍珠就是珍珠,使用"扭曲"这样具有否定意义的修饰语是为了博眼球吗?其实不然,当你了解了其中的缘由,你就会觉得很有趣。巴洛克时代的文化追求极致的华丽,其无法忍受留白,喜欢最大限度地进行点缀和修饰。因此,当这个时代过去后,后人再回过头来看这个时代,总觉得华丽归华丽,但是似乎有些过分,所以后人把这个时代称作"巴洛克时代",就像珍贵的宝石,虽然美丽,但看起来似乎不是很舒服。

在本章中,我要给大家介绍几位巴洛克时代的作曲家,按年龄排序,依次是维瓦尔第、巴赫、亨德尔。在讨论这三人的音乐和人生之前,我将给大家指出两个要点:第一,找一找现在仍没有完全揭开的宗教色彩;第二,请注意听旋律的华丽感,这样才能真切体会到巴洛克时代的华丽、优美,却又有些许微妙的感觉。

维瓦尔第	巴赫	亨德尔
1678—1741	1685—1750	1685—1759

巴洛克时代　003

01

公共场所播放的曲子大多是我作的

维瓦尔第

安东尼奥·卢奇奥·维瓦尔第

> 如果我生活在现代，靠赚版权费一定能成为有钱人。

> 我不是小提琴手，也不是作曲家，而是神父。

#四季 #职业咨询 #天主教神父 #我没有剽窃

安娜·杰尔奥 我是你的什么人？请回答我……
#讨厌暧昧 #我们私奔吧

🎵 推荐曲目

01.《和谐的灵感》
02.《四季》
03. Ah, Ch'infelice Sempre
04.《人间需要真正的和平》

体弱多病的巴洛克巨匠

意大利作曲家安东尼奥·卢奇奥·维瓦尔第（Antonio Lucio Vivaldi）是巴洛克时代的代表作曲大师。即便你不知道维瓦尔第是哪个国家的哪个时代的人，也能想到"这不是写《四季》的那个人吗？"那是因为，21世纪初，2G时代的手机彩铃的默认音乐就是维瓦尔第所做的《四季》里的《春》。大家还记得，在等待对方接电话时，听到的那首轻快、爽朗的小提琴曲吗？就是它。

维瓦尔第出生于1678年3月4日，那时，意大利还是威尼斯共和国。维瓦尔第家兄弟姐妹九人，他是长子。九个兄

作为维瓦尔第接受洗礼的场所而闻名的圣乔万尼教堂

弟姐妹啊！是不是人口很多？当时的欧洲，孩子因得了传染病早夭的事情很常见，所以很多家庭都生很多孩子。那个时期宗教气氛浓重，所以孩子一出生就必须接受婴儿洗礼，生来体弱的维瓦尔第并没有接受教会的正式洗礼，而是在家里进行了简单洗礼。父母又担心他会早夭，所以将正式的洗礼推迟了，足足过了两个多月，维瓦尔第才得以接受天主教会的正式洗礼。总而言之，他是一个天生体弱多病的孩子。

身兼三职！

我们在介绍作曲家的时候，有时会称赞他为"钢琴家兼作曲家"，那么，古典音乐作曲家全都很会弹钢琴吗？无论是过去还是现在，作曲家在刚开始学音乐的时候，都会先学习弹钢琴，之后在接受各种各样理论学习的过程中，提升作曲能力。只不过现在的计算机技术非常发达，有很多方法可以作曲，但是在那个时候，能帮助演绎音符的设备只有钢琴。因此，自然而然很多曲子都是作曲家坐在钢琴前写成的。人生中大多数事情都是如此，经常触碰，时间长了，实力提高的可能性自然也就大了，所以大部分古典音乐作曲家的钢琴都弹得很好，"作曲家＝钢琴家"这样的公式也就几乎成立了。

但是巴洛克时代有一点儿不同，那时，钢琴还是稀罕物，一般都使用羽管键琴弹奏曲子，教会里会使用风琴。不过基本没有听说过，谁是17世纪最好的羽管键琴演奏家或最好的风琴手，那是因为巴洛克时代的作曲家创作的并不是"器乐中心音乐"（为聚焦乐器演奏而创作的音乐），而是以圣歌或弥撒曲为中心的音乐。音乐演奏也不被用于娱乐或兴趣，很多时候都是用作辅助弥撒进行的道具，所以比起关注演奏者个人的技艺，更多的是将重心放在是否符合弥撒的主题上。

担任小提琴手的维瓦尔第

在这样的时代背景下，维瓦尔第的履历稍微有一点儿特别，那就是他是一位非常优秀的小提琴手。在维瓦尔第成长为优秀演奏家的过程中，其父亲功不可没，那是因为，他的父亲乔瓦尼·巴蒂斯塔·维瓦尔第是一名理发师，兼威尼斯圣马可大教堂的小提琴手。在父亲的影响下，维瓦尔第弹奏弦乐器要比键盘乐器更好，尤其在小提琴上展现了与众不同的天赋，甚至达到了能和富豪一起巡回演奏的程度。能做到如此优秀，父亲为维瓦尔第的音乐人生

巴洛克时代　009

奠定了坚实的基础。

能同时成为作曲家和小提琴手已经非常独特了，但是维瓦尔第还有一个特别的职业。其实，维瓦尔第的正职并不是作曲家，而是神父。因为他从小体弱，成长的过程中经历了无数次生死关头，每当这个时候，他和家人就靠着信仰战胜病魔，也许正是这样的经历，让他成了神父。虽然有传言，说他是因为呼吸疾病，体力不足以支撑他作为纯粹的音乐家去从事演奏活动，所以才成为神父的，但事实是，他在成为神父后，仍不断坚持参加演奏活动，甚至还留下了几百首作品。由此看来，他之所以成为神父，说是因为信仰，似乎比体力问题更可信。从15岁时开始学习宗教活动的维瓦尔第，在10年后，也就是25岁的时候被任命为神父，但是在成为神父的一年内，就因健康状况恶化而无法组织弥撒了。维瓦尔第在无奈之下去了保育院教孩子们音乐，并转为以乐团团长的身份参加活动的神父，从此改变了他人生的方向。

让我们来听一听神父维瓦尔第创作的作品吧。如果你乘坐过首尔的地铁，那应该对这首曲子很熟悉。

推荐曲目01：《和谐的灵感》

《和谐的灵感》也被称为《和声的灵感》，是《维瓦尔第协奏曲集》的第3号作品。这套协奏曲集共有12首曲子，其中第6号协奏曲的a小调是维瓦尔第早期创作的协奏曲，第1乐章和最后一个乐章的急板（非常急速）非常优秀。这首曲子也被用作首尔地铁换乘站的提示音乐。

背负剽窃自己作品污名的作曲家

即便维瓦尔第有《四季》这样著名的作品，但他还是经常被批评，并讨论他究竟是不是一位真正优秀的作曲家。为什么会有这样的言论呢？让我们来一探究竟吧。

维瓦尔第在威尼斯皮耶塔保育院工作了约30年，在这个时期他几乎写下了所有的代表曲。据说，仅篇幅巨大、编写耗费精力多的协奏曲就有500多首，作曲速度可谓非常之快。他动不动就发布新曲，不久后又宣称："看！我又写了一首曲子！""我又发表新曲了！"仅就此而言，大家肯定会觉得，他果真是一个天才。但是对于维瓦尔第来说，多产并不是一个多么好的修饰语。难道是因为短时间内就写了太多的曲子吗？他新写的曲子有很多都和之前发表过的曲子相似，也就因此得到了"剽窃自己作品的作曲家"这个污名。我们来比

巴洛克时代　011

较几首曲子吧？维瓦尔第的作品编号不仅采用"Op."，还使用"R.V."这样的符号进行分类，不过为了方便，我将使用"R.V."标记。

第一个要观察的"抄袭歌曲"是R.V.179的第3乐章和R.V.180的第1乐章的部分段落。仅看乐谱也能知道，旋律完全相同，如果聆听音乐，还会发现和声的行进方向也一样。

R.V.179　　　　　　　　　R.V.180

导入部分相似的曲子也很多，例如，R.V.459的第1乐章和第3乐章就完全相同。一首曲子里相同乐章的反复出现，是作曲家自己无法意识到的，即便理解为曲子都是从一个人脑海里想出来的，这种情况无法避免，但还是觉得苦涩，难道是心情所致吗？

最近在通俗音乐界经常遇到这种情况，听到氛围太过相似的曲子时会不禁猜测，"咦？看来这首歌是那个作曲家谱的曲呀。"一经查询，发现猜想是对的。这种方式的自我抄袭虽然短时间内能提高身价，但是从长远来看，却会切实暴露创作者的局限性，所以并不一定是好事。因此，以这种方式留下通俗古典音乐曲的维瓦尔第也无法摆脱"自我抄袭"的污名。

你喜欢哪个季节？

说到维瓦尔第，就不能不提《四季》了。在这首人们耳熟能详的曲子里，其实还隐藏着三个秘密，第一个秘密和标题有关。维瓦尔第的协奏曲《四季》是他在皮耶塔保育院工作期间，也就是1725年发表的曲子。原本是《和声与创意的实验》这个包含12首曲子的曲集中的1~4号作品——《春》《夏》《秋》《冬》，当这4首曲子比其他8首曲子更受欢迎后，便重新命名为《四季》再次发表。所以，如果不是重命名为"四季"，我们差点儿就要给这么优美的曲子标上"和声与创意的实验"这样无美感的标题了。

第二个秘密在乐章中。很多人误以为《四季》是一首曲子，其中包括"春""夏""秋""冬"四个乐章。但事实是，《春》《夏》《秋》《冬》是各自独立的曲子，而且每个季节由三个乐章构成。此外，还有一个趣味点是，《四季》的每个乐章都附有名为"十四行诗"的短诗。有人说这些十四行诗是维瓦尔第亲自写的，但确切的作者至今未知。我们来概括和研读一下这每个乐章的短诗吧。

春

第1乐章

春临大地，众鸟欢唱，和风吹拂，溪流低语。突然天空被黑幕遮蔽，雷鸣电闪宣示暴风雨的前奏。很快风雨过境，宁静的春日里，小鸟再次歌唱，奏起和谐乐章。

第2乐章

芳草鲜美的草原上，树叶沙沙作响，喃喃低语。牧童在暖阳下安详地打盹儿，懒散而悠闲。

第3乐章

伴随着笛声悠扬的旋律，美丽的水精灵和牧童婆娑起舞，享受春日时光。

夏

第1乐章

炎热的太阳底下，人和羊群都热得奄奄一息。突然暴风袭来，一切都被不安所包裹。

第2乐章

不祥的雷声震天响，胆小的牧童和羊群担心着自己的命运。

第3乐章

天空中电闪雷鸣，冰雹倾盆而下。熟透了的庄稼如同被踩踏过一般倒下。

秋

第1乐章

村子里的农人们享受着美酒，欢快地跳舞，分享着丰收的喜悦。

第2乐章

欢歌载舞停止，大地重归宁静，村子里的人们进入甜蜜的梦乡。

第3乐章

破晓时分，猎人们扛着猎枪和角笛，让猎狗开路，整装出发。动物们惊慌逃窜，猎狗们在身后紧追不舍。

冬

第1乐章
寒冷的冬天，高山和原野被冰雪覆盖，寒风抓住树枝摇晃。在这寒冷的天气里，牙齿不住打颤。

第2乐章
家里的暖炉旁一片宁静，窗外冰冷的雨水浸湿了万物。

第3乐章
小心翼翼行走在冰封的路面上，深怕一不留神栽个跟斗，如果跌坐在雪地上，那就重新站起来奔跑玩耍。周围传来呼呼的风声。这就是冬天，一个愉快的冬天。

  第三个秘密是维瓦尔第使用的音乐术语。一般乐谱开头处会写上如"快板""行板"这样告知曲子快慢，以及如"轻快的""柔和的"这样表达曲子氛围的音乐术语，这些术语可以帮助看谱人快速理解曲谱。但是《四季》的乐谱里没有使用这样的表述，而是写了"如鸟儿歌唱般"或者"如溪水流淌般"这样具有诗意的语句，是不是感觉很浪漫呢？表达出了维瓦尔第想通过音乐，生动地呈现四季风景的心情。

  我们（译者注：此处特指韩国人）之所以对《四季》非常熟悉，其实是因为这些乐曲经常在媒体上和公共场所播放。明媚欢快的《春》被用于手机彩铃和大邱地铁站的背景音乐；朝气蓬勃的《夏》经常出现在汽车广告里；《秋》经常出现在釜山和光州的地铁站里，而《冬》曾用在止疼药广告中。

  那么，这组乐曲是否真能让人感受到四季的气氛呢？让我们一起来听一下吧。

推荐曲目02:《四季》

维瓦尔第的协奏曲,作品编号是0p.8,No.1~4。《春》《夏》《秋》《冬》这四首曲子分别描绘了四季的自然风景和人们的生活状态。因为每个乐章都有十四行诗说明乐曲内容,所以也可以看作标题音乐(有说明乐曲内容的标题的音乐)的原型。这组曲子是维瓦尔第最著名的作品。

耳朵灵敏的读者,在欣赏的时候可能会有这样的疑问:"刚刚说《四季》是协奏曲,但是为什么声音听起来似乎有点儿空洞呢?"正如我前面所说的,巴洛克时代的乐曲并不是以演奏为主的,所以乐器编制并不大。通常说到协奏曲,我们想到的是独奏者和其他演奏者组成的大型管弦乐团,使用弦乐器、管乐器、打击乐器等,但是巴洛克时代的协奏曲大多是以弦乐器为中心的小规模编制。现在,《四季》的演奏通常是由独奏者、第一小提琴手、第二小提琴手、中提琴手、大提琴手、低音提琴手这样六名乐手演奏,有时候会加一名大提琴手,共七人演奏,或者各加一名中提琴手和大提琴手,共八人。

朴赞郁导演对维瓦尔第的喜爱

维瓦尔第的曲子在电影中也经常出现。在韩国有一位经常使用维瓦尔第的曲子作为电影插曲的导演,那就是韩国电影界的大师朴赞郁导演。如果你看过他的电影《亲切的金子》，应该还记得在导入部分（电影的第7分钟左右），金子出狱后，边打翻豆腐边说出"还是管好你自己吧"这句著名台词的场景，当时听到的音乐就是维瓦尔第的 Ah,Ch'infelice Sempre。

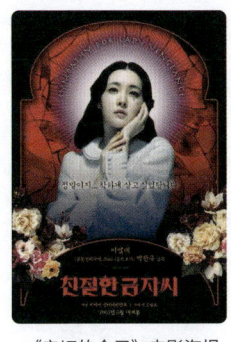

《亲切的金子》电影海报

　　Ah,Ch'infelice Sempre 这首曲子是维瓦尔第创作的康塔塔（指多乐章的大型声乐套曲）Cessate,Omai Cessate 中的一首咏叹调（抒情的独奏曲）。Cessate,Omai Cessate 是"停止，现在停止"的意思，Ah,Ch'infelice Sempre 的意思是"为什么我只愿悲伤？"这首曲子是不是很符合悲惨的金子的心境呢？除了这首曲子，《亲切的金子》里还出现了好几首维瓦尔第的作品，诸如 Concerto No.3 in G Major（R.V.310）、Concerto for Two violins and Cello in G Minor（R.V.578a）、Bassoon Concerto in E Minor（R.V.484）等。

　　朴赞郁导演是有名的古典音乐迷，甚至在一次采访中说过："我经常听巴洛克时代的音乐。"听说他还给一起工作的演员们送过亲手挑选的古典音乐CD。其实，除了《亲切的金子》，他在自己的其他作品里也毫不掩饰自己对维瓦尔第的喜爱。例如，他的另一部代表作《老男孩》里也使用了《四季》中的《冬》作为插曲，而且竟然用在拔牙的场景里（这段音乐增添了些许莫名的紧张感）。

除了被像朴赞郁导演这样，因为喜爱古典音乐而在电影中大量使用，维瓦尔第的作品也经常在其他媒体中出现，之所以会这样，原因之一就在于版权。

如果想要在电影或电视剧，甚至网络短视频中使用音乐，原则上必须向作曲家、演奏者、唱片公司等拥有版权的人或团体支付版权使用费，其中最重要的人就是作曲家。费用是一方面，如果原作者（大多是作曲家）不允许你在相应媒体上使用其作品，那么这些作品根本就无法使用。但是版权在原作者去世70年后就会被注销，像维瓦尔第这样已经故去很久的人，其版权大多是注销的状态。也就是说，现在任何人都可以自由使用维瓦尔第的作品（但是，即便是维瓦尔第所作的曲子，如果是其他人的演奏音源，就必须事先确认"著作邻接权"）。基于种种原因，诸如《四季》这样的维瓦尔第的作品才得以经常出现在电影、电视剧等之中。对作品进行自由编曲后，灵活用作公共场合的背景音乐或手机彩铃等，也是因此才得以实现的。

那么让我们一起听一下，容易让人想起金子的那首音乐吧！

推荐曲目03：*Ah, Ch'infelice Sempre*

这是维瓦尔第的世俗康塔塔 *Cessate,Omai Cessate* 中的女低音咏叹调（歌剧或圣乐中有旋律的独唱部分）。电影《亲切的金子》中虽然没有歌词，但是却仿佛能听到主人公内心阴郁的歌词，"背信弃义的大猩猩，为什么总是让我悲伤？为什么会有怜悯的泪水流下……"

神职人员令人惋惜的结局

再次回顾维瓦尔第的一生，通常我们说到"他是一位神职人员"，很容易联想成他是非常温和、善良的人，活着的时候得到了许多人的尊敬，但其实维瓦尔第的结局并非如此，这都是因为他和一个叫安娜·基尔奥的女人的秘密交往。如果是普通人，那可能没什么好质疑的，毕竟爱上一个人是完全有可能的。但是维瓦尔第的职业是神职人员，所以他爱上别人或传出绯闻是万万不可的，更有甚者，安娜还是维瓦尔第的徒弟。

但这件事情有点儿暧昧，两人并没有公开承认是恋人关系，反而是周围的人都说："他们在交往！"但只有当事人在否认。尽管维瓦尔第一直否认，但是绯闻还是迅速扩散开，像滚雪球一样越来越大，最终发展成了丑闻。信徒们严厉地

巴洛克时代

指责维瓦尔第,甚至说出"必须罢免他的神父之职"这样的话。幸运的是,维瓦尔第避免了被罢免的耻辱,但是因为和安娜·基尔奥的绯闻,失去了信徒们的信任的维瓦尔第在无可奈何之下,只得离开了威尼斯。

如同逃亡一般搬到维也纳的维瓦尔第,跌落神坛,晚景凄凉。生活在奥地利期间,他想担任皇家音乐家,但是最终未能如愿。收入日渐减少,而生活的奢侈程度却逐步加剧,因而,最终饱受贫困折磨,于63岁时离开了人世。最让人惋惜的是他居然连办葬礼的钱都没有,最终在国家提供的特困者葬礼仪式中结束了他的一生,这个结局太过于悲凉了。在几百年后的今天,我们仍然在听着他作的曲子,而他却如同被驱逐般逃离祖国,以特困人士的身份结束了一生……仔细回顾他的一生,莫名地感觉虚幻和忧郁。

难道是生不逢时吗?要不然是国家和文化的问题?作曲家和神职人员的双重身份同时被否定,必须孑然迎接死亡的维瓦尔第,该是怀着什么样的心情离开人世的呢?

哲学家尼采曾经说过:"评判一个人一生的权利,只属于经历了这一生的那个人。"我们很难找到什么话语来评价维瓦尔第的人生。不过,如果已经离开人世的维瓦尔第能够在天上听自己写的《春》,看到那么多人等待如此美妙的音乐响起就好了。因为和活着同样费劲的事,就是在世界上留下"我的一部分"。

最后，本章将以电影《闪亮的风采》中的插曲，也是维瓦尔第的赞美歌（圣乐曲的一种形式），能让人不禁联想到维瓦尔第最后一段生命的《人间需要真正的和平》（译者注：又译《圣殿中的努拉》）来结束本章内容。

推荐曲目04：《人间需要真正的和平》

维瓦尔第五十多岁所作的世俗康塔塔 *Gloria* 中收录的女高音圣乐曲。*Gloria* 由四部构成，第一部咏叹调就是《人间需要真正的和平》，因为其美丽、平和的氛围，现在仍然受到许多人的喜爱，后来更是因其被用作讲述天才钢琴家大卫·赫尔夫戈特人生的电影《闪亮的风采》中的插曲而闻名。

02

著名的音乐之父,真正的多胞胎父亲

巴赫

约翰·塞巴斯蒂安·巴赫

不是巴哈,而是巴赫!

音乐之父,
多胞胎之父。

#对位法 #音乐之父 #谢谢门德尔松

♪ 推荐曲目

亨德尔 为什么总误认为我们是夫妻呢?
#和巴赫不熟 #连面都没见过

01.《D小调托卡塔与赋格-BWV565》
02.《康塔塔147》
03.《G大调小步舞曲-BWV114》
04.《勃兰登堡协奏曲3号》
05.《前奏曲1号-BWV846》
06.《独奏大提琴曲1号—BWV1007》

安娜 老公,乐谱都抄好了,快进来吧。
#小步舞曲 #多胞胎之母

伟大的旋律　18位传奇古典音乐家趣谈

3B中的老大哥

3B是德国的三位最具代表性的作曲家——巴赫、贝多芬、勃拉姆斯

你听过"3B"这个词吗？听起来像美术铅笔的型号，但这个词其实是音乐爱好者们对巴赫、贝多芬和勃拉姆斯三位音乐大师的总称，他们的名字中都包含字母B，而且都是德国人。

接下来让我们先见一见3B中的老大哥。这个故事的主人公是给后世无数作曲家留下众多可学习和借鉴的东西，而且有着"西方音乐之父"之称的巴赫。

bah、baha，应该怎么称呼？

巴洛克时代的代表性作曲家约翰·塞巴斯蒂安·巴赫于 1685 年 3 月 21 日出生于德国，他是大众所熟知的作曲家，是莫扎特、贝多芬、舒曼、勃拉姆斯、肖邦等人中出生最早的，是老大哥。我们在介绍如舒曼和肖邦等作曲家时，经常说他们钢琴弹得非常好，但是说到巴赫时，却会说他是一位非常优秀的管风琴演奏家。是不是感觉钢琴和管风琴之间的差异已经超越了代际差异，而是世纪之差呢？

在正式走进巴赫的人生之前，我要先提一个问答节目中的常规问题："bach 的正确读法是什么？"大家知道正确答案吗？因为 bach 的特殊拼写，所以经常有人把它错读成 bak 或 bachui，但是在德语里 ch 读成 h，所以准确的读法应该是 bah，而受到日式英语的影响，在韩国也有人读成 baha。

过去德国常将 ach 发成 ha 音，所以有人认为，读成 baha 也是可以的，但是也有人主张，这是一种过去的残余，不能再使用，后一种观点占了上风。外国人名字的读音并不是什么重要的问题，读成 bah 就可以了。

从音乐世家走出的神童

现在说到著名的音乐家,更多的是出身于门第较高的音乐世家的人,而不是如彗星般横空出世的人。有"西方音乐之父"之称的巴赫也出身于一个 200 年间培养出 50 多位著名音乐家的音乐世家,是不是他的起跑线看着就更超前呢?巴赫家族培养出了很多非常著名的音乐家,所以在很长一段时间里都非常受德国民众的尊敬。

然而,与盛名相比,这个家族并不富裕,而且巴赫在很小的时候就失去了双亲,他 9 岁那年失去了母亲,第二年又经历了丧父之痛。可能是因为在太小的年龄就经受了巨大的悲痛,幼年时期的巴赫过得非常辛苦。不过,不幸中的万幸,他得到了专攻音乐的叔叔和兄长们的帮助,在陷入失去双亲的痛苦之际,巴赫开始接受音乐教育。此时他开始学习弹管风琴,但他并没有止步于演奏,而是专注于研究乐器,甚至还掌握了乐器的修理技术。

年轻时的巴赫

提到巴赫和管风琴,我最先想到的就是《D 小调托卡塔与赋格 -BWV565》。虽然几乎没有人能背出完整的曲目名称,但是这首曲子大家应该都听过很多次。在综艺节目中,如果有什么挑战失败了,就会有管风琴音色的 "656 ~ 54321#2 ~"

响起,这段旋律就出自《D小调托卡塔与赋格-BWV565》。

> **推荐曲目01:《D小调托卡塔与赋格-BWV565》**
>
> 这是巴赫的管风琴曲代表作。随着门德尔松将这首曲子放入自己的曲目中进行演奏,这首曲子开始闻名。这首曲子也是管风琴手经常演奏的曲目之一。

不是BMW是BWV

就像大家对刚刚介绍的管风琴曲曲名感到陌生一样,古典音乐的曲名很难记忆,即便你知道这首曲子。其原因是,像古典时代或巴洛克时代一样,时代越早,只用字母和数字来标识曲子标题的情形就越多。或许大家曾经见过一首曲子中有像Op.(Opus)、No.(Numero/Number)这类的字母,这是为了区分作品而使用的专业术语。不过,巴赫的曲子中更常见的是用BWV进行标示,而不是用Op.或No.之类的。

BWV是出版巴赫乐谱集的一个名叫沃尔夫冈·施米德的人自创的出版编号,由德语单词的字母缩写而成,B表示Bach(巴赫),W就是Werke(作品),V是Verzeichnis(总目录),

直译的意思就是"巴赫作品总目录"。其他作曲家的曲子标题如"Op.××，No.××，什么构成，第×乐章"这样，非常复杂，而巴赫的作品直接使用"BWV 106.1"这样很短的标记，意思是"巴赫曲目 106 号的第 1 乐章"，是不是更简单、更容易记忆呢？

巴赫的作品从 BWV 1 的 *Cantata* 开始，到 BWV 1126 的 *Lobet Gott, unsern Herrn* 结束，这意味着他发表了 1126 个作品。可能他还有一些当时负责出版的沃尔夫冈·施米德没能找到的乐谱和未公开的作品，所以也许巴赫的作品数要比 1126 个更多。巴赫的作品中前 200 首为教会音乐，也叫作"教会康塔塔"，现在的教会中仍然使用着相同的康塔塔编号。

那么，让我们来听一听其中比较有名的一首康塔塔吧？

推荐曲目02：《康塔塔147》

简单来说，康塔塔就是有乐器伴奏的声乐曲。如果歌词内容是圣经故事，那就叫作"教会康塔塔"，如果内容是情爱之类的世俗故事，那就叫作"世俗康塔塔"。巴赫创作的康塔塔是用作德国教会赞美歌的教会康塔塔，甚至还被用在动画片《新世纪福音战士》中作为插曲。

两段爱情和二十个子女

有着"西方音乐之父"之称的巴赫，其实是多胞胎的爸爸。他一生结过两次婚，共育有 20 个子女。足足生下了 20 个孩子的父亲，真的对得起"之父"这个称号吧？巴赫的第一任夫人是与其在 1707 年结婚的表妹，一位名叫玛丽亚·芭芭拉·巴赫的女人。两人非常恩爱，琴瑟和鸣，共生下 7 个孩子。不过巴洛克时代的婴儿死亡率很高，第一任夫人所育的子女中有 3 个不幸早夭。但是苦难远不止于此，结婚 13 年后，连妻子芭芭拉也因病去世了。不过，巴赫并没有在恩爱的妻子和孩子去世的悲痛中沉浸多久，他又坠入了爱河。

芭芭拉去世仅一年后，也就是 1721 年，巴赫和宫廷小号手的女儿，女高音歌手安娜·玛格达琳娜·维尔克结婚了。当时巴赫 36 岁，安娜 20 岁，两人足足相差 16 岁。和第一任妻子不同，安娜作为音乐人，对丈夫巴赫的创作活动给予了莫大帮助。因为她乐谱抄得非常好，所以会亲手抄录巴赫即将出版的乐谱，她甚至还偷偷学习作曲。即便她什么都不做，已经是一位漂亮的妻子了，更何况她还能帮助巴赫创作，可想而知，巴赫该有多喜欢她。巴赫为了表达对妻子的感激，曾送给她自己的作品集，这就是 *Notenbuchlein fur Anna Magdalena Bach*，其中最有名的曲子是我们小时候学习弹钢琴时的必弹曲目《G 大调小步舞曲 –BWV114》。

推荐曲目03：《G大调小步舞曲-BWV114》

这是一首四分之三拍的慢舞曲。小步舞曲的法语单词是"Munuet"，意思是"小"，因舞步幅度小而命名，其特征是旋律明快而可爱。

安娜默默地抚养着巴赫和前妻生下的子女之余，自己还生下了13个孩子。但是前妻所生的孩子们并不喜欢安娜这个继母，巴赫还活着的时候尚且不听她的话，讨厌弟弟妹妹们，巴赫一去世，安娜和安娜的孩子们就更受冷落了。更为不幸的是，因为要抚养众多子女，一生饱受贫困折磨的巴赫并没能留下多少遗产，而安娜因为有巴赫的照顾，也一直没有外出工作挣钱。巴赫一去世，已经在经济上自立的芭芭拉的孩子们就断绝了与安娜的关系，而且完全不给她生活费。最终，安娜在极度贫穷中凄凉死去。

因绚烂的乐曲而被教会列入黑名单

我们理所当然地认为，像巴赫这样创作出如此多音乐作品的人，每次发表作品肯定会产生收益，所以一定会生活富足，但他的一生都为生计所迫，其中的原因是，巴赫虽然给后人留下了许多可作为典范的好曲子，但是在他活着的时候，并不是一名多么受人爱戴的作曲家。

巴赫为教会作了数百首康塔塔，据说他几乎每周都写一首曲子。这么虔诚的作曲家，按说应该会受到教会的喜爱，但是巴赫却受到了很长一段时间的打压，为什么会这样呢？让我们回到那个时代去看看吧。巴洛克时代是一个教会权力高于宫廷权力的时代，教会必须通过信仰来吸纳无数信徒，支撑它的就是宗教弥撒（礼拜），而每次做弥撒的时候，必不可少的就是音乐。要以极其虔诚的态度来侍奉神，需要什么氛围的音乐呢？当然需要能营造庄严和虔诚氛围的沉稳且雄壮的音乐。但是我们听一听巴赫的代表作品，比起庄严，他的作品更突出旋律的悠扬、气氛的华丽。即使有的弥撒音乐是严肃、认真、安静唱着赞歌的男声四重唱，而在初创期，巴赫往里面加入了长长的风琴独奏，将旋律分割开，创作出了华丽的音乐。比起现有的严肃的弥撒音乐，信徒们当然更喜欢新音乐。站在创作者的立场上，这种新的尝试就是一种成就，但是站在教会的角度，这却是必须严厉警告的行为，所以教会并不那么喜欢打破现有模式，创作一些诱惑人心的音乐的巴赫。

就连巴赫第一次以管风琴手的身份就职的阿恩施塔特的圣波拿巴教堂也不看好巴赫的这种音乐，事事都挑毛病，因此，巴赫与其他演奏者的关系也在不断恶化，甚至发生了和巴松（也称"大管"）演奏者动刀，被带上法庭的事。伤透了心的巴赫提交辞职信，离开了教堂，之后搬到了名为米尔豪森的城市，在那里的教会继续工作。就是这个时期，巴赫的早期康塔塔诞生了。在米尔豪森的巴赫似乎开始了稳定的生活，得以专心作曲，不过这也没能持续多久。教会里重视音乐和教理的正统主义，与重视信仰的虔诚主义的斗争开始了，巴赫最终也被卷入其中，成为这场斗争的牺牲品。被卷入势力之争的巴赫无法进行创作，甚至连工资都拿不到，一度陷入了生活的困顿之中。

就在此时，魏玛王室提出支付三倍年薪，让他担任宫廷作曲家的邀请，内心饱受折磨的巴赫自然没有任何拒绝的理由。巴赫在魏玛王室进行了非常活跃的创作活动，他的管风琴曲大部分是在这个时期创作完成的。不过，在这里他又被卷入了宫廷斗争之中，生活得也很不容易……但是，又能怎么办呢？无论是过去还是现在，想从别人手里挣钱都一样不容易。

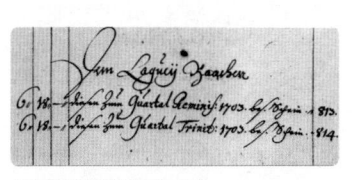

魏玛王室提供的工作合约

推荐曲目04:《勃兰登堡协奏曲3号》

这是六首协奏曲的组合,被认为是呈现巴洛克时代协奏曲的顶峰之作。因为是1721年献给勃兰登堡的克里斯蒂安·路德维希侯爵的曲子,所以命名为《勃兰登堡协奏曲3号》。六首曲子风格迥异,不仅演奏乐器各不相同,而且协奏方式也各异。

独一无二的荣誉称呼——"西方音乐之父"

纵观巴赫的一生,可以说是非常悲惨,经常因被卷入争斗而不停地搬家,不同于如今的盛名,他活着的时候只不过是一个受生活所迫、普普通通的一家之主。甚至与同时代的作曲家相比,他也没什么名气,只是在自己所处的地方安静地创作而已。随着浪漫时代作曲家门德尔松对巴赫的音乐作品的关注和重新演绎,巴赫的作品才得以被重新审视,也由此开始出名。

巴赫是唯一获得"西方音乐之父"这个荣誉称号的人。一般说起"西方音乐之父",我们会觉得他是创造了什么新的东西,并被后世广泛传播,因而被冠以这个荣誉称号的,但事实上,巴赫既没有创造出任何理论,也不是最早发现某一原理的人,但是,他的音乐见闻非常广博,很好地将不同地域、不同风格的音乐进行融合，留下的许多作品为后世音乐理论奠定了基础，例如对位法。

对位法是研究两个以上的音符或旋律如何对称（或者对比）连接的学问。巴赫的作品可以看作是展示"如何引导旋律发展""主旋律之外其他旋律如何连接"等这些规律的范本。如今，人们能用和声学、音列、音乐思潮分析等方法去学习作曲，但是在巴洛克时代，连寻求乐谱都很困难。在那样的时代背景下，巴赫毫无保留地展示了对位法的创意曲和赋格曲等，对作曲学徒研究如何更好地作曲提供了巨大的帮助。

在巴赫的故事中，有一件很让人惊讶的事情，那就是没有一个学者对巴赫被称为"西方音乐之父"表示反对。假如问"世界上最漂亮的女人是谁？"所有人的答案可能都不同。但是巴赫给后世留下的无数融合了多声部音乐（有多个声部的音乐）和对位法的曲子，成为后人学习音乐必不可少的教材。如今，全世界的作曲系学生都必须学会对位法和赋格曲等才能毕业，由此可见，他的学问对音乐界起着多么重要的作用。

推荐曲目05：《前奏曲1号—BWV846》

《平均律键盘曲集》的第一首前奏曲。《平均律键盘曲集》由前奏曲和赋格曲组成，其中包含所有调性。《前奏曲1号—BWV846》是全部由琶音组成的C大调曲子。

巴赫的死，关上了巴洛克时代的大门

再来看一看巴赫的人生结局，让人不禁觉得荒唐且毛骨悚然。先说一说荒唐，巴赫在1749年因突发脑溢血而晕厥，之后双眼开始看不清东西，此时他接受了一位名叫约翰·泰勒的眼科医生的白内障手术。一般来说，手术后的视力应该有所提高，但是巴赫在接受两次手术后视力不但没有好转，反而恶化了，并于3个月后的1750年7月28日突然离世，享年65岁。我们要牢牢记住这个给巴赫做手术的名叫约翰·泰勒的医生，因为他也是让与巴赫同年、在同一个国家出生、有着"音乐之母"之称的亨德尔双目失明的"伟大"的江湖骗子。

再来说说让人毛骨悚然的事情。在研究巴赫的一生的过程中，最让我震撼的是巴赫死的那一年，也就是1750年。那年被看作巴洛克时代的结束，巴赫的死关上了一个时代的大门。时代的划分并不是在当时进行的，而是后人确定的年限和范围，这也就意味着，学者们将巴赫看作巴洛克时代的代表性人物，并以他的死作为一个时代的结束。是不是很了不起？

在写巴赫的故事时，我突然想起了青少年时期的自己。那时我正值青春期，整日想着要出名，但当时作为一名中学生，能做的除了学习还有什么呢（我觉得，在学习上如果高考没拿到满分，也是无法出名的）？我记得，在那个热情洋溢的叛逆期，我看了一本关于"留存下的东西"的哲学书后开始慢慢沉静下来。人死后会留下什么呢？通常我们认为，留下自己的"名字"是最光荣的，但是我读的那本不记得书名的书里，写了有关"作品"的故事，那些文字想要表达的主旨是，比人或名字更容易让人们记住的是作品。现在想想，觉得作者说得非常对，我常想，是不是这本书将我变成了一名音乐生。

给后世留下无数作品，世界上唯一有着"西方音乐之父"这个伟大盛誉的巴赫先生，他通过让后世作曲家研究自己的作品，从而留下了比名气更珍贵的成就。

那未来我们又会给这个世界留下什么呢？大家如果已经读到这里，那首先说明，我写的书成功出版了，这么说来，我也算是给这个世界留下了一些微小的东西……

最后,让我们以《独奏大提琴曲1号——BWV1007》,结束巴赫的故事吧。

推荐曲目06:《独奏大提琴曲1号——BWV1007》

《独奏大提琴组曲》是六首大提琴曲的合集,迄今为止依然被认为是大提琴独奏作品中的巅峰之作。这组曲子在巴赫死后被埋没了大约200年,20世纪才被大提琴演奏大师帕布罗·卡萨尔斯慧眼发掘,并得以演奏出来。从每首曲子的前奏开始,其主题就非常鲜明。

03
我其实不是音乐之母
亨德尔

乔治·弗里德里希·亨德尔

> 我不加好友，
> 而且我不是母亲！

> 我不是女孩！

#欢迎阉伶前来咨询 #我爱你，英国 #宗教音乐

巴赫 我们都是同一个区的，什么时候见一面吧？
#我是父亲 #你是母亲

博农奇尼 我是在皇家音乐学院任职的作曲家！走开，亨德尔！
#我是创始人 #亨德尔这个坏家伙

♪ 推荐曲目

01.《萨拉班德舞曲》
02.《弥赛亚》
03.《任我的泪水流淌》
04.《我哭泣，为我的命运》
05.《皇家焰火音乐》

我是音乐之母？

乔治·弗里德里希·亨德尔是巴洛克时代的代表性作曲家，常被与同时代的巴赫在各个方面进行比较，就像巴赫被称作"西方音乐之父"，亨德尔就被称作"音乐之母"。其实，这里是有原因的。巴赫被称作"西方音乐之父"是全世界通用的，但是亨德尔的"音乐之母"的称呼只有东方人使用，欧洲人对此很疑惑，"为什么亨德尔被称作'音乐之母'呢？"

身为男性作曲家的亨德尔莫名其妙地被称为"母亲"，如果对此进行深究，会发现这个称呼起源于日本的一家出版社。一家日本出版社出版了一本有关亨德尔的书，为了与同一年、同一个国家出生的巴赫进行对比，特意给他贴上了与

"西方音乐之父"完全相对的称号，也就是"音乐之母"。此后，韩国人对这一表述原封不动地继承了下来，于是"音乐之父是巴赫，音乐之母是亨德尔"这样的表述就被固定和沿用下来了。不知道大家上小学的时候有没有遇到过"请分别写出西方音乐之父和音乐之母的名字"或类似的题目，我记得我在回答这个问题的时候非常疑惑，"这一看就是男人，难道其实是女人吗？"但是正如我们前面所说的，这个表述不像"亨德尔出生于德国"这样，是以非常准确的事实为基础的，所以如果你是教师，其实可以大胆地去掉这种问题。

其实我们非常不同，也不熟悉——巴赫和亨德尔

年轻时的亨德尔

亨德尔于 1685 年 2 月 23 日出生于德国，和巴赫是同年、在同一国家出生的，甚至是在同一地区长大的，感觉他们应该很熟悉，但其实两人的关系很生疏，甚至一次面都没见过。除了晚年都接受过名叫约翰·泰勒的江湖骗子的白内障手术，并因此失明，两人可以说毫无交集，彼此的生活方式也完全不同。

如果说巴赫是喜欢在属地工作的人，那么亨德尔就是自由的灵魂。巴赫一辈子都是德国人，与之相反，晚年的亨德尔辗转于多个国家，并最终加入了英国国籍，以英国人的身

份结束了一生。仅这一点,就能感觉到两人的区别了吧?

此外,巴赫出身于一个200年间培养出50多名音乐家的音乐世家;而亨德尔的爷爷却是铜厂厂长,父亲是医生,他出身于一个与音乐完全不相干的家庭。巴赫得到了家人的支持,在他们的帮助下接触和学习音乐;而亨德尔偏向现实主义的家人们认为,"靠音乐怎么能挣钱养活自己呢?音乐只能作为兴趣,还是要好好学习技术!"他们反对亨德尔成为音乐家。两人虽然都是从小就显露出卓越的天赋,但是亨德尔最终没能经受住家人的反对,并没有上音乐学院,而是就读了法学院。

在恋爱和婚姻方面,两人也有很大区别。巴赫结过两次婚,生下了20个孩子,是多子女之父,相反,亨德尔却单身了一辈子。也许正是因为两人各方面都能形成对比,所以亨德尔被贴上了"音乐之母"的标签。接下来让我们通过听一首曲子,正式走进亨德尔的人生吧。

推荐曲目01:《萨拉班德舞曲》

《萨拉班德舞曲》和《阿勒曼德舞曲》《库朗特舞曲》《吉格舞曲》是巴洛克时代具有代表性的舞曲。三分之四拍的舞曲,让我们很容易想到像华尔兹"咚!嚓嚓,咚!嚓嚓"这样,重音在第一拍的乐曲,但是《萨拉班德舞曲》却不同,它的音乐就像"咚嚓!咚,咚嚓!咚"这样,重音在第二拍上。

亨德尔的杰作——《弥赛亚》

巴洛克时代是一个深受宗教影响的时代，音乐家也不例外，那时普遍以留下宗教作品，或者成为教会的常任指挥者、演奏者为荣。如果说到巴洛克时代某位作曲家的代表作时，首先想到的是清唱剧、康塔塔之类的宗教音乐，那么说明这个人在当时是非常具有影响力的。

提到巴洛克时代的代表性人物亨德尔，就不能不谈他的宗教音乐。他的作品里有很多清唱剧，是不是觉得和歌剧听起来差不多？没错，清唱剧就是类似歌剧的，有歌词、演员、管弦乐队的"剧音乐"。这么看来，似乎二者没有什么太大的区别，但是，歌剧是以虚构或现实存在的人物作为主人公创作的故事剧，而清唱剧则是以圣经作为故事依据创作的剧音乐，从这一点可以发现，二者是完全不同的体裁。

巴洛克时代的教会为了强化人们的信仰，不得不使用音乐，没有强制性地、自然而然地将圣经内容传达出去，所以除了礼拜音乐，清唱剧也开始广泛流行。这时亨德尔创作出了全世界最著名的清唱剧，在宗教音乐史上画出了浓重的一笔。

有一首歌，即便没听过全曲，但是只要歌词中的"哈利路亚"重复出现，听众就会顿时恍然大悟，"啊！原来是这首曲子。"这首曲子就是《弥赛亚》。

推荐曲目02：《弥赛亚》

"弥赛亚"的意思是"救世主"。亨德尔的《弥赛亚》是由三部分组成的清唱剧，其中包含47首曲子，以《福音书》《以赛亚书》《诗篇》的内容为基础创作而成。这部作品完成于亨德尔加入英国国籍后的1741年。巴洛克时代的弦乐器比管乐器更发达，所以这部作品最初创作时以弦乐为主，但是古典时代作曲家莫扎特在这首曲子中加入了管乐器的元素，进行重新编曲和演奏后开始广为人知，后来在电视节目、广播、广告音乐中经常出现，成为无关乎宗教，大众都非常喜爱的世界上最著名的清唱剧。

至此，你知道亨德尔为什么是巴洛克时代的代表性作曲家了吧？难道你现在还认为他似乎不如巴赫伟大吗？

想登上更高处的游子

因为创作了很多宗教音乐，所以很多人认为亨德尔是冷静的、虔诚的，其实不然，他性格爽朗不羁，非常讨厌被评价或拘束，也常有记录显示，他性烈如火，好奇心旺盛，例如他突然去意大利留学。亨德尔在20岁时凭借创作的第一部歌剧《阿尔米拉》在德国汉堡小有名气，但是他本人并不满足于这种程度的演出。汉堡虽然在歌剧方面也算很有名，但无论是过去还是现在，歌剧最盛行的地方还是意大利。对歌剧如饥似渴的亨德尔在发表《阿尔米拉》一年后，突然抛下名利去意大利留学了。像他这样，想到什么就马上付诸行动并不是一件易事，他的这种性格让我这种做决定时总是犹豫很久的人羡慕不已。

亨德尔在意大利写出了各种各样的歌剧，而且大部分作品都成功演出了。他在留学后发表的第一部歌剧是《罗德里戈》，很多人将其误认为是亨德尔的第一部歌剧，但其实《罗德里戈》并不是他的第一部歌剧作品，而是用意大利语写台词和歌词的第一部作品，亨德尔的第一部歌剧作品是用德语写的《阿尔米拉》，之后他所创作的歌剧全都是用意大利语写成的。在亨德尔的40多篇歌剧中，对大众来说最为熟悉的作品是《里纳尔多》。如果你是"90后"，可能在学生时代的音乐考试中唱过一次，以"Lascia ch' io pianga"这句歌词开头的《任我的泪水流淌》，这就是《里纳尔多》中的曲子。

推荐曲目03：《任我的泪水流淌》

歌剧《里纳尔多》以第一次十字军战争为背景创作而成。里纳尔多既是歌剧的名字，也是主人公的名字，他是一位十字军英雄。《任我的泪水流淌》是里纳尔多的未婚妻阿尔米莱娜被敌军抓捕后，拒绝敌军的收买和诱惑，向往自由时所唱的歌曲。

阉伶法里内利和亨德尔的关系

　　《任我的泪水流淌》是一首非常著名的曲子，所以我就再多讲一些与之相关的故事。这首曲子是因电影《绝代妖姬》而被大众所熟知的，这部电影的开场画面就是阉伶法里内利在众多观众面前演唱《任我的泪水流淌》。阉伶是指那些为了能唱出高音而在变声期来临之前进行阉割的男性声乐家，这些被阉割的对象大多是6至8岁的男童。在如今这个时代，如果对儿童做这种事，那肯定会被千夫所指，但是巴洛克时代的阉伶却是被人们艳羡的对象，因为有很多阉伶不仅能拥有很好的名声和超高的人气，还能挣到很多钱，甚至足以扶持起一个行将没落的家庭。由于这些不谙世事的孩子和家境贫寒的父母的贪念，仅意大利，一年就有四千多名少年被阉割。

　　亨德尔的作品中也经常有阉伶出场，歌剧《里纳尔多》的主人公"里纳尔多"也是由一位阉伶出演的。其实，电影中法里内利所唱的《任我的泪水流淌》并不是主人公，即阉伶扮演的"里纳尔多"所唱的歌曲，而是他的未婚妻"阿尔米莱娜"（女高音）所唱的。阿尔米莱娜音域很高，而且技巧繁多，但是在电影中为了增加戏剧效果，设定为由阉伶来唱这首歌，这应该也算是美中不足吧？也许是受到这部电影的影响，现在很多男高音歌手将这首歌作为人生必唱曲目。

我真的很讨厌亨德尔——乔瓦尼·博农奇尼

乔瓦尼·博农奇尼

虽然亨德尔有着自由奔放的灵魂，是一个浪子，但他的私生活很干净，他独身一辈子，也没有传出一点儿绯闻，所以，很遗憾，他有记录的私生活并不多。不仅他没有向人们分享过自己的私生活，在他死后，连亲密的朋友或弟子也没有写过他的传记。

不过，有趣的是，虽然没有关于朋友或爱人的故事，却有许多关于政敌的记录。他经常到处搬家，而且每到一个地方就会以极快的速度成长起来，取得很高的人气并积累下大量财富，所以嫉妒他的人很多。那最讨厌亨德尔的人是谁呢？或许很多人会认为是经常被拿来和他作比较的巴赫，但是正如我们前面所说，两人虽然住得很近，但是彼此并不关心，一次面都没见过，所以并没有将对方当作对手。

最讨厌亨德尔的人是意大利作曲家乔瓦尼·博农奇尼。你对这个名字是不是有点儿陌生？博农奇尼和巴赫一样，都出身于音乐世家，博农奇尼五岁时就发表了他的作品集，有"神童"之称。原本还自觉很优秀的博农奇尼，却被既非音乐世家出身，也非意大利人的外乡人——亨德尔凭借歌剧夺去了人们的喜爱，并与自己一起成为英国皇家音乐学院的常任作曲家。对于从小在无双天才的赞美声中长大的博农奇尼来说，这是一件很伤自尊的事，博农奇尼觉得"他算什么，凭什么能和我受到相同的待遇？"据传，在担任常任作曲家期间，博农奇尼没能战胜自己的嫉妒心，甚至意图刺杀亨德尔，但是这一切并没有明确的证据，不过我们可以推测出，博农奇尼确实讨厌亨德尔，甚至到了出现刺杀传闻的程度。

既然如此，那我们是不是也应该看看亨德尔的态度呢？其实在两个人的故事中，最令人心酸的一点就是，亨德尔完全没有将博农奇尼当作竞争对手。亨德尔在去意大利留学前，就开始写各种风格的曲子，并得到大众的认可，而博农奇尼是只创作歌剧的作曲家，或许亨德尔觉得博农奇尼不配当自己的对手。

这么看来，博农奇尼似乎有点儿可怜，而且他的结局也并不好。晚年的博农奇尼因被诬告卷入作品剽窃的是非之中，并遭到英国政府的强制驱逐。但人们并没有就此放过这个被贴上"剽窃"标签的人，也许正因如此，虽然他的若干作品以乐谱的形式留存了下来，但是却没怎么被人们演奏，难道这是因果报应吗？

接下来，给大家介绍一首亨德尔在英国皇家音乐学院任作曲家期间创作的作品。

推荐曲目04：《我哭泣，为我的命运》

亨德尔的三部歌剧，是任英国皇家音乐学院常任作曲家期间创作的，讲述的是克里奥帕特拉和西泽大帝的爱情故事。其中，主人公西泽大帝的角色由阉伶出演。此外，还有许多角色也都由阉伶完成，所以现在不怎么上演了。

独自在英国结束生命

虽然亨德尔出生于德国，曾去意大利留学，但最终结束生命的地方却是英国。亨德尔在英国的生活也没能特别舒心，担任英国皇家音乐学院常任作曲家期间，曾被卷入权力暗斗，沦为王权斗争的牺牲品。而且，随着整个欧洲歌剧的人气逐渐消退，亨德尔的名气也随之消失。于巅峰时期急流勇退的亨德尔，再次发挥过去在德国学到的技能，重新开始创作清唱剧，也就是在这个时期，前文介绍过的杰作《弥赛亚》诞生了。

想要了解《弥赛亚》有多了不起，就要先从音乐解析开始，不过我们不提复杂的理论，只看公演成绩也能了解《弥赛亚》惊人的价值。一般的演出都是在首演之后，迅速引人关注，然后随着人们的视线投向其他作品，慢慢减少演出次数，直至落幕。但是直到现在，《弥赛亚》仍然是每逢基督教四旬节、圣诞节、岁末年初时，必会上演的人气剧目，所以可以算是从 1742 年 4 月 13 日首演后，至今为止，一年都没停过，一直在被人们演奏。如果我留下的作品过去了几百年仍然不停被人们演奏和传播，那我该是什么样的心情呢？

永远的自由艺术家亨德尔，晚年饱受疾病的折磨，52 岁时因脑中风导致右手麻痹，14 年后，也就是 1751 年，他的左眼开始看不清东西。就在这时，给巴赫做过手术的江湖骗子约翰·泰勒出场了，亨德尔也接受了他的白内障手术，之后眼睛完全失明。即便如此，亨德尔还继续进行了 8 年之久的创作，据说右手麻痹时甚至还让别人听写记曲，一直都没停止创作，所以我们不得不叹服于亨德尔对音乐的热爱。

不知道，没有妻子和子女，独身一辈子的亨德尔在晚年是否凄凉，不过他为了帮助年轻的音乐家，一直在给"贫寒音乐家救济会"提供支援，甚至将《弥赛亚》乐谱原稿和剩下的遗产全部捐赠给了英国慈善团体兼保育院、育婴院，并迎来了他意义深远的死亡。

成功的艺术家有很多，但是成为受人尊敬的艺术家并不容易。时至今日，我们的艺术家们未必能做到向大众传递善意，但亨德尔在那个时代就已经做到了。陪着亨德尔一起迎接死亡的英国民众，到现在仍然将其视为英国历史上非常重要的人物，并一直尊敬着他。

也许，对于已故的人来说，"自己如何被记住"并不那么重要，但是，如果自己的名字能超越遥远而漫长的死亡，被后人一直呼唤，那不就如同活着般有价值吗？大家想成什么样的人呢？活在当下的我们，又能否在后世的什么人心中留下正直的印象呢？

最后，我们以亨德尔活着时，英国王室最喜欢的曲子来结束本篇的故事。

推荐曲目05：《皇家焰火音乐》

1794年4月27日，为庆祝签订《伊克斯拉恰普条约》，英国皇室将在伦敦举办大规模烟火庆典，为此英国国王乔治二世特意委托亨德尔创作了《皇家焰火音乐》。虽然烟火庆典最终没能按计划举行，但是亨德尔这部作品的演出却取得了极大的成功。庆典后，亨德尔在其中加入弦乐器，修改成了管弦乐曲。

为了唱歌进行阉割！阉伶的真实状况

阉伶（Castrato）是指被阉割的声乐家，这个词来源于拉丁语 Castrare（阉割）。词典上的定义是，挑选出 6 至 8 岁的儿童中声音特别清澈、发音较好的孩子进行的"包装"。但实际上，实施对象大多是无父母亲人的孤儿，或者家境贫寒的孩子，父母因贪图日后荣耀而同意给孩子阉割。

男性第二性征一旦到来，随着睾酮增加，就将迎来变声期，声带会变粗，声音变得低沉。但是如果在第二性征到来之前，将睾丸捆扎或者切除，那么就不会像一般男性那样分泌那么多雄性激素，这样就不会有变声期了，即便长大为成年男性，也能具备非常高昂、轻柔而平和的嗓音。17 世纪后期到 18 世纪是阉伶的鼎盛期，其特殊的音色和外形非常受人喜欢，而正因为这种畸形的流行，仅意大利一年就有四千余名少年被阉割。

那么，为什么要求男性具有轻巧而美丽的声音，甚至不惜为此做这种事情呢？直接让女音乐家唱不就可以了吗？

其实，这所有的悲剧都始于对《哥林多前书》第 14 章第 34 节"妇女在教会中要闭口不言"这个段落的错误解读。17 世纪的教会非常重视"圣歌",所以唱诗班非常重要,唱诗班通常分为女高音、女低音、男高音、男低音4个声部,起着引导礼拜的作用,其中女高音和女低音部分现在由女性负责,但是在当时,教会禁止女性唱歌,所以就让男性中声音轻柔而高昂的人,负责这部分的演唱。

小小少年们到了14至16岁迎来变声期,声音就会变得浑厚,于是教会不得不替换掉那些技术纯熟的成员,所以为了避免这种事情的发生,弄出了对这些少年进行阉割,这种残忍的事情。

虽然起点是宗教原因,但是阉伶被普及并受人们喜爱,其实是因为歌剧。除了亨德尔篇中介绍的歌剧《里纳尔多》,巴洛克时代的无数歌剧都将阉伶写成了主人公。大众喜爱阉伶特有的神秘音色,所以如果以阉伶的身份亮相并取得成功,将会拥有巨大的财富和极高的声誉。

但是除去财富和声誉,阉伶的一辈子都将伴随着巨大的副作用。作为男性自然生成的荷尔蒙被人为遏制,将会产生许多问题。第一,因为成长激素没有得到完全抑制,所以他们的个子都非常高,只听声音时,感觉他们很稚嫩、纤弱,但其实大多数阉伶都个子高得不正常。同时,因为雄性激素相对较少,所以整体感觉又和大个头的普通男性非常不同。据说因为肌肉和臂力不足,他们只是四肢修长,但身躯却非常干瘦,同时还会饱受各种疾病的折磨。此外,强行调节荷尔蒙会加速衰老,导致很多阉伶年纪轻轻就患上了老年性忧郁症。

还有，因为男性荷尔蒙被遏制，他们还会显现与女性相似的身体特征，不仅不长胡须，很多人胸部特别发达，肺部异常增大，所以电影《绝代妖姬》中那段超过一分钟的持续高音，会让很多普通演唱者晕厥，但这也是出于阉伶的身体特征而诞生的名场面。

判断力还很低下的小孩子被强制阉割，本身是一个问题，但更大的问题是，即便承受了这样的痛苦，也并非所有少年都能成为成功的阉伶，出人头地的阉伶连 1% 都不到，大多数孩子都因荷尔蒙分泌不均衡而患上严重的疾病，最后早早去世，结束了其不幸的一生。

这种现象也是必然的，就像即便我们从小开始唱歌，也并非都能成为著名歌手一样。除了部分拥有与生俱来的天赋或肺活量、声带的阉伶，剩下的连站上舞台的机会都不多。还有一些人因为声音好听而被阉割，但最终发现五音不全，没有乐感，那样真是再悲惨不过了，他们不仅不能组建家庭，还因为身体疼痛，连正常的工作都无法胜任。

1789 年罗马实施共和制，正式下达了禁止制造阉伶的法令。从 18 世纪中叶开始，大众开始意识到阉伶是人为制造的产物，对此感到不适，于是对他们的兴趣慢慢退却。与此同时，音乐开始更加活跃地发展，比起宗教音乐，世俗音乐更受人们欢迎，原本只能让男性饰演的角色被中和了许多，女性歌手受关注的时代来了。

现在阉伶已不再是一个职业群体，不过如今的男高音歌手却与之有些相似。男高音歌手拥有与阉伶类似的轻薄、纤细而美丽的音色。与阉割后用真声唱歌的阉伶不同，男高音歌手是用假声唱歌的，当然也就不用阉割了，不需要这样的人为、暴力干预，也能找到美丽的音色。

写阉伶这段的时候，我想到了我们小时候，心情顿时沉重起来。6 至 8 岁还是一个连"喜欢妈妈还是喜欢爸爸"这样简单的问题都难以轻易回答的年纪啊……成年人的贪心就这样毁掉了一个孩子的世界。

第2乐章

古典时代

04 海顿
05 莫扎特
06 贝多芬

古典时代

你喜欢什么颜色的衣服呢？虽然每个人的偏好不同，但是对于不太懂时尚的人来说，有一个通用不变的法则，那就是"不要混杂太多颜色"。无论是多么漂亮的色彩，如果夹杂到众多颜色中，也就不显眼了。衣服如此，音乐也一样，巴洛克时代的音乐由于华丽堆砌，听众已经开始感到审美疲劳了，人们渴望听到人为修饰更少、更有规则、形式更固定的音乐，于是古典音乐也就应运而生了。

古典音乐指1750年到1820年的音乐思潮，憧憬古希腊艺术，放弃了巴洛克时代复杂而华丽的音乐，大众追求古典美和形式美。音乐家们为了取悦大众，开始创造一些任何人听过一次就能理解的固定形式，此时创造出来的最著名的形式就是"奏鸣曲"。

本书即将介绍的几位古典音乐作曲家，按出生年份排列依次是海顿、莫扎特、贝多芬，都是大家耳熟能详的名人吧？在阅读古典音乐作曲家的故事时，请将关注点放在他们究竟是以什么形式来写曲子的，在固定的形式中也能找到美。

海顿 莫扎特 贝多芬
1732−1809 1756−1791 1770−1827

古典时代　061

04

古典时代的创意库——培养出无数音乐家的真老师

海顿

弗朗茨·约瑟夫·海顿

> 请让那边睡觉的人继续睡吧,听到第二乐章时起来就行。

> 莫扎特、贝多芬都曾跟我学过音乐。

#《惊愕交响曲》 #欢迎前来咨询课程 #新的尝试

莫辛伯爵 这次的曲子我也非常期待。
#我家的乐师海顿 #我善良吧

安娜 不就是用乐谱包装东西吗,有必要这么生气吗?
#讨厌弟弟 #孤独

莫扎特的父亲 我儿子表现还好吗?
#哎哟哟 #莫扎特就拜托您了

♪ 推荐曲目

01.《创世纪》
02.《惊愕交响曲》
03.《海顿第45交响曲》
04.《云雀》
05.《小夜曲》
06.《晨间交响曲》《正午交响曲》《晚间交响曲》
07.《第一大提琴协奏曲》

贫困家庭的受气包，打开了古典时代的大门

这次我们要见的作曲家是一位培养出音乐界两大巨匠——莫扎特和贝多芬的伟大老师，也是创作了我们所熟知的《惊愕交响曲》和《创世纪》的作曲家，他关上了被评论为过于华丽、生硬的后巴洛克时代的音乐大门，拉开了在形式和结构中追求美的古典时代音乐的序幕，他就是弗朗茨·约瑟夫·海顿。

海顿出生于1732年的奥地利。和18世纪初期欧洲的其他家庭一样，他也有很多兄弟姐妹，包括长子海顿在内，这个家庭足足有12个孩子。因为要抚养这么多子女，父母总是生活得捉襟见肘，无奈之下，将小海顿托付给了身为音乐

教师的亲戚马蒂亚斯·弗兰克。海顿来到弗兰克家帮衬家务，并学习演奏钢琴、小提琴和作曲等。早早就得到了音乐熏陶的他，应该会顺利成为一位音乐家吧？但出乎意料的是，他其实并没有全身心地学习音乐，而是在亲戚家寄人篱下，当一个只能看别人眼色吃饭的受气包。

但有一天，发生了一件改变海顿一生的事情。当时维也纳最著名的教堂是圣斯蒂大教堂，这座教堂的唱诗班音乐总监来到海顿生活的村子选拔音乐苗子，村里的孩子们有了到著名教堂的唱诗班试唱的机会。此时，举办试唱活动的音乐总监格奥尔格·罗伊特相中了7岁的小海顿，他劝诱海顿跟他一起去维也纳，海顿同意并离开了弗兰克家，正式开始参加唱诗班的活动。

如果我们去读作曲家们的自传，通常故事发展到这里，主人公会突然能力大爆发，发生"被称赞为神童，在音乐界崭露头角"之类极富戏剧性的事情。但是海顿不一样，他没有按我们所期待的那样发展，而是度过了一段非常平凡的青少年时期。虽然他跟着罗伊特总监搬到了维也纳，成了圣斯蒂大教堂的一员，但是除了去教堂附属学校上课、参加唱诗班的活动，他并没有切实地积累一丁点儿音乐知识。他没有积极学习音乐的原因有很多，除了家境贫寒，没能得到家庭的全力支持也是原因之一。海顿就这样在无欲无求、热情乏乏中度过了一天又一天,然后在17岁时迎来了自己的变声期。

因为当时欧洲的唱诗班主力是幼小的男生,所以有才能的少年会在变声期来临之前被劝诱成为阉伶。有记录显示,海顿也曾因为拥有美丽的嗓音而被劝诱过做阉伶,当时的社会现状是,如果不做阉伶,那么变声期一来,自然而然就会被淘汰。

不想成为阉伶的海顿,当变声期一到就被迫离开了教堂。

家人和所属团体都不喜欢的海顿,开始露宿街头,没错,就是字面的意思。没有能立刻挣钱养活自己的才能,海顿只能在朋友和贵族家之间辗转,才能勉强糊口。但是海顿并没有屈服,如果有谁把自己赶出来,那就去其他朋友家看看,如果在那里再被驱逐出来,那就去找新的住处,为了生存,海顿拼尽了全力。也许是他这种,在多么艰难的处境下,依然像不倒翁一样不断站起来的精神感动了天地,海顿终于被一位中产阶级男爵看中,被聘请担任家里的音乐教师,然后在男爵的推荐下,又成了莫辛伯爵家的乐手。勉强摆脱生活窘迫的海顿,终于开始了他活跃的作品创作,直到这一刻,海顿才站到了他作曲家人生的跑道上。

古典时代

推荐曲目01：《创世纪》

海顿的清唱剧，由3部32曲组成，和亨德尔的《弥赛亚》一同被选为"世界三大神剧"。天使长加百利（女高音）、优利尔（男高音）、拉斐尔（男低音）和合唱团唱出了天地创造的过程，其中表现渐渐焕发光明的第3部27曲尤其优美动听。

多产作曲家之王惊人的创意

经常尝试创新的海顿

正式开始作曲的海顿非常勤奋，他一辈子共发表了750余首作品，被冠以"多产作曲家之王"的称号。一般来说，如果创作的曲子很多，就会出现不自觉去"抄袭"自己的曲子，或者以量而非质来取胜、曲子的完成度降低等情况，但是海顿给了我们另一种答案，他是一个经常思考"怎么写曲子才能更有趣"的人。

想出新点子，是所有创作者一直在做的事，但是能不断想出新点子，就是一件很困难的事情，因为如果一部作品取得成功，那以这部作品为基础，输出相似的东西才能减小失败的概率。因此，每次都想出新创意，可不是谁都能做到的。在写文章的时候，连我也常不自觉地自我回顾。

那让我们来欣赏两首特别凸显海顿创意的作品吧。第一首曲子大家在音乐书中应该看到过，即《海顿第94交响曲》的第2乐章，它更广为人知的名字是《惊愕交响曲》。

推荐曲目02：《惊愕交响曲》

这是海顿的交响曲中最广为人知的作品，其中采用了三架音高不同的定音鼓，整首曲子的各个乐章都展现了海顿的音乐精髓。

古典音乐与其他音乐形式相比，演出时间相对更长，所以每次演出都很容易看到头一点一点地打瞌睡的听众。爱听音乐的贵族也是人，也经常无法忍受长时间的演出，频频打盹，所以海顿就想出了一个点子。

他没有直接对大家说："请大家不要在古典音乐演出中打瞌睡！"而是让听众吓一跳，将他们从睡梦中惊醒，在这一想法的基础上诞生的曲子就是《惊愕交响曲》。

《惊愕交响曲》的第1乐章顺利演奏完，第2乐章就悄悄地开始了，其间的过渡安静到连换了乐章都无人察觉。最开始的旋律是pp（很弱），若有若无，但突然定音鼓以ff（很强）的力度"梆"的一声，调动所有乐器同时响起，吓听众一跳。这种新颖的演出形式如同所有人预料的那样，取得了

古典时代　069

巨大的成功。如果能看到《惊愕交响曲》的演出视频，经常能看到，当强音出来时，突然被惊吓的观众们会爆发出笑声，并蔓延到整个演出大厅。据说古典时代的观众们也一样，只要到了这部分，都会鼓掌表示喜欢。根据海顿的回忆录中的记载，他和曾是自己学生的普莱耶尔[1]在同一时期举办演奏会，所以为了不落于人后，他苦思新创意，最终创作了《惊愕交响曲》。作为作曲家已经如此出名，他却仍然不断思考，力图创新，这一点非常值得我们学习。

《惊愕交响曲》在另一方面也令我们震惊。刚刚说过，《惊愕交响曲》也就是《海顿第94交响曲》的第2乐章，既然交响曲的编号是94号，那也就意味着此前他已经发表了93首交响曲，我要告诉大家，这是多么了不起的事情。虽说作曲家作曲是理所当然的事情，但是如果所作乐曲的构成形式不同，其工作量也有很大差别。举个例子，如果把写一首较短的钢琴小夜曲比作做一份意大利面，那写一首交响曲就和制作25人份的十菜套餐差不多。首先，演奏交响曲需要管弦乐团，如果将管弦乐团的乐器构成定为15件，那就必须将曲子分成15篇来写。而交响曲通常有4个乐章，所有乐章的时长为30～40分钟，仅就曲子的长度和分量而言，要完成一首交响曲就需要耗费非常多的心血。包含一首协奏

1　伊格纳茨·约瑟夫·普莱耶尔，1757—1831，海顿的学生，活跃于法国斯特拉斯堡。

交响曲在内，海顿共创作了108首交响曲和2首单乐章曲（只有一个乐章的曲子），一个人怎么能做出这些呢？他的创作热情不由得让人对他肃然起敬。

还有一首和《惊愕交响曲》一样富有创意的曲子，那就是《海顿第45交响曲》的第4乐章。我们在介绍曲子的时候通常主要介绍的都是第1乐章，这首曲子是第4乐章，大家难道不觉得奇怪吗？如果说《惊愕交响曲》是为了叫醒打盹的听众，那么在《海顿第45交响曲》的第4乐章中则能听到海顿另一个新颖的创意。在第4乐章的结束部分，乐团团员们居然逐一从座位上站了起来，在其他团员的演奏中走出舞台，最终只留下两名第一小提琴手结束整场演奏。随着乐手减少，演奏声音自然逐步减弱，而演奏者离开座位这种表演形式也不常见，是一场非常新颖的演出。其他暂且不提，在古典时代，也就是18世纪末期能想出这种点子，你不觉得很有冲击力吗？仅就构成而言，几乎和现代音乐演出差不多了。

推荐曲目03：《海顿第45交响曲》

创作这部作品的时候，海顿生活在埃斯特哈齐公爵的城堡里，据说当时乐团的团员们已经有一年多没能见到自己的家人了，于是海顿发挥自己的聪明才智，创作了这部作品。略带悲伤的旋律和第4乐章团员们离场的表演，让观看演出的公爵明白了海顿的用意，于是下令让团员们放假回家。因此，这部交响曲也被称作《告别交响曲》。

培养莫扎特和贝多芬的老师

拉开了古典时代序幕的海顿，同时也是莫扎特和贝多芬的老师。身为培养出古典音乐历史上最著名的两位大师的老师，他的课程有什么特别之处吗？其实海顿的授课并不像现代的课程那样，详细讲解作曲的方法，他的授课风格是，如果学生不努力提问，那就坚决不强塞知识点。但是，即便他的授课这么不热情，当时还是有许多年轻作曲家研究海顿的曲子，并亲自前去拜访，请他点评自己写的曲子。那么，他最著名的学生莫扎特和贝多芬又是怎样的呢？

莫扎特是跟随自己感受来作曲的人，但是他那个非常渴望儿子能大获成功的父亲，却极度想要得到大师海顿对儿子实力的认可。最终莫扎特没能顶住父亲的压力，去找了海顿。和我们预想的莫扎特会逃课不同，他非常认真地分析了海顿的曲子，并进行了灵活应用。曾经有传闻，莫扎特的父亲问海顿："我儿子表现得还好吗？"海顿立刻称赞道："令公子真是一个天才。"足以说明他学得有多认真。海顿不仅承认了莫扎特是一位优秀的年轻作曲家，甚至连莫扎特古怪的性格也宽厚地予以接纳，正因如此，两人的关系非常亲近，莫扎特还亲切地称呼海顿为"爸爸"。

弦乐四重奏

海顿当时写了许多弦乐四重奏曲，而且颇受欢迎。所谓"弦乐四重奏曲"是指由第一小提琴、第二小提琴、中提琴、大提琴构成的合奏曲。这些弦乐四重奏曲之所以受人喜欢，是因为海顿确定了四重奏的创作构成和乐曲发展方式。此前，大众一直听的曲子不知道会往哪个方向发展，结构也不明确。拜海顿所赐，人们可以听到结构明确，发展方向一目了然的曲子，在感受旋律美感的同时，还觉得很舒服（这也是古典时代音乐的最基本特征）。莫扎特深受海顿作曲法中"结构"的影响，谨记了老师的教导，对于古典时代的弦乐四重奏曲的发展起到了巨大作用。而且，他还将自己创作的《弦乐四重奏Op.10》的6首曲子献给了海顿，表达了对老师的感激之情。

推荐曲目04：《云雀》

海顿的《弦乐四重奏Op.64》由6首曲子组成，其中No.5的《云雀》最为著名。因为第一乐章的主旋律如同云雀鸣啭，所以命名为《云雀》。这首曲子由4个乐章构成，分别是快板中板、如歌的慢板、稍快板、有生气的快板。

如果说莫扎特是被父亲带领着见到海顿的，那贝多芬则只是一个在远方喜欢海顿的后辈作曲家。贝多芬非常尊敬海顿，所以不断地学习他的作品，甚至还直接照着他的乐谱去描绘。海顿被贝多芬的热情所感动，接受了他成为自己的学生。不过，海顿的授课风格似乎并不适合贝多芬，贝多芬甚至留下了"我很喜爱和尊敬海顿的音乐，但是他作为老师却不怎么样"这么苛刻的评价。

无论怎样，性格温和的海顿还是给了贝多芬一个机会，在贝多芬的第一部作品集中加上自己的名字。看到这里，可能有人会疑惑，"这算什么给机会？在别人的作品集中加上自己的名字，这不是仗势欺人吗？"但是在那个时期，这可以算是给新人作曲家的特别照顾了，让他能够正式宣布自己是著名作曲家的弟子，所以可以说，海顿是打算用自己的名声给初次亮相的学生以助力，如果放到现在，那就相当于新人歌手亮相时，著名歌唱家说一句："这是我的后辈！"能让对方更受关注。当然非常固执的贝多芬拒绝了海顿的好意，不过对于试图提供帮助的老师，他还是很感激的。

海顿经常被描绘成一个"人品很好的人"，就连性格古怪的莫扎特和以苛刻闻名的贝多芬，也都在独立的活动中公开表示过，自己和海顿一直维持着良好的关系，这一点更增加了"海顿善良论"的可靠性。贝多芬也和海顿一样，将1796年第一次出版的《钢琴奏鸣曲 Op.2》献给了海顿，以示对老师的感激。

推荐曲目05：《小夜曲》

海顿的《小夜曲》对于韩国人来说，非常耳熟能详，因为它曾经被用作手机彩铃。虽然很多人都知道这是海顿创作的，但是也有传言说，这是尊敬海顿的德国神父罗曼·霍夫施泰特所作的曲子。曲子旋律抒情、优美，营造了一种甜美的氛围。

要一辈子为我作曲！

前面短暂地提及，海顿担任莫辛伯爵的乐手，可惜的是，后来伯爵家族没落，再也无法继续雇佣海顿了。突如其来的失业，让海顿差点儿再次流落街头。不过他很快被介绍给了匈牙利的埃斯特哈齐公爵，再次成功就职。埃斯特哈齐家族非常有名，连匈牙利代表性作曲家李斯特的父亲都曾为其服务。海顿从29岁到58岁（1761—1790）一直担任着埃斯特哈齐家族的乐手，并进行音乐创作，连续工作了约30年。

提起专属乐师，是不是会让人联想到低阶侍从之类的形象？就好像贵族们会下达"从现在开始，为我不停地演奏小提琴"这种命令一样。其实，当时的贵族们普遍将音乐家看作戏子，可能是为了自我娱乐，也可能是为了向其他贵族炫耀，他们经常会为家里雇佣乐师。不过海顿算是比较幸运的，埃斯特哈齐家族并没有限制或逼迫他创作，反而给海顿提供了充足的经济支持，让他能写出好的曲子，所以海顿才为其工作了30年之久。果然，无论是过去还是现在，钱给到位，能让员工休息好的老板就是最好的老板，这是古今中外不变的法则。

对于在公爵家族的照顾下，能自由进行大量创作的海顿来说，只有一项令他感到疲倦的任务。刚进入公爵家的时候，保罗·安东亲王让海顿以早晨、中午、夜晚为主题来作曲，他想听到与各时段相符的音乐。如果有人让你以24小时为主题作曲，你会怎么做呢？如果是我，可能会写出超越约翰·凯奇的4'33"（译者注：4'33"是约翰·凯奇的作品，共3个乐章，总长度为4分33秒，乐谱上没有任何音符，唯一标明的要求是沉默。该作品的含义是请观众聆听当时的寂静，体会在寂静之中由偶然所带来的一切声音），24小时一动不动的曲子来……我大概会被赶走吧。不过，海顿不愧是"多产作曲家之王"，他顺利地写出了以早晨、中午、晚上为主题的三部交响曲，这个任务曲也成了海顿初期的交响曲。大家也来欣赏一下，看看各曲是否符合相应时段吧。

推荐曲目06：《晨间交响曲》《正午交响曲》《晚间交响曲》

因为曲名中分别有晨间、正午、晚，所以也叫作《一日三部曲》。这三部交响曲灵活恰当地运用了独奏，在某种程度上呈现了大协奏曲的风格。这首曲子被评价为巴洛克样式和初期古典样式的融合之作。

爱情失败的男子

我最喜欢写作曲家们的爱情故事，但是之所以直到现在还没写海顿的恋爱故事，其实是有原因的。海顿的爱情经历有一点儿可惜，他非常爱一个名叫约瑟芬的女孩，但是还没来得及表白，约瑟芬就突然做了修女。就在此时，约瑟芬的父亲找到了伤心失意的海顿，把姐姐安娜·特蕾莎介绍给了他，也就是说，暗恋对象的父亲亲自给他做媒。约瑟芬的父亲应该是不想错过这个已经小有名气的作曲家做自己的女婿。

也许是因为无法与约瑟芬结合的失落所致，海顿在老丈人的牵线下和安娜匆忙结婚，两人至死都维持着夫妻关系，但是这段婚姻里却没有爱情。安娜是一个对音乐一无所知的人，她不仅不足以给丈夫的作品提供灵感，甚至完全无法理解作曲这件事。她不仅做不了贤内助该做的事，还经常用丈夫尚未发售的乐谱包装物品，将乐谱随意丢弃，还将食物撒出，弄脏乐谱，搞砸丈夫的创作活动。在这段没有爱情的婚姻生活里，两人没有生育子女，而且都出轨了。不过两人却一直维持着夫妻关系，就这么得过且过地对付了一辈子。

尽管海顿作为作曲家取得了许多成就，但是却没能得到爱情。从1799年起，他的健康状况开始恶化，到了1802年几乎无法进行创作。1809年，77岁的海顿去世。在那个年代能活到77岁，很令人惊讶吧？将整个巴洛克时代、古典时代、浪漫时代都算在内，海顿也算是非常长寿的作曲家了。

据说我的头颅辗转全世界

虽然没有像其他出色的作曲家一样，遭遇性病、战争、中毒之类的变故，但是海顿的死也发生了一点儿离奇的小插曲。1809年，他的坟墓被挖开，发现他的头颅被盗了。虽然应遗属的要求，奥地利开始了正式调查，但是因为没有目击者，所以海顿的头颅一直没能找到。就在这时，奥地利的一个贵族说出了事情真相。他说，因为海顿实在太聪明了，想要研究他的头颅，于是让人挖开了他的坟墓。但是被委托去盗取头颅的那个人交给贵族的却是别人的头颅，而真正的海顿的头颅被他以更高昂的价格卖到了别处。此后，又有很多不知名的人秘密交易了海顿的头颅，致使他的头颅受辱，在欧洲漂泊了近100年。

最终在100年后，海顿的后代找到了他的头颅，奥地利也提出了国家层面的返还诉讼，但此时世界大战爆发，找回头颅的机会也一再错过。海顿是在1809年去世的，但是直到1954年，遗骸返还诉讼才胜诉，他的头颅直到此时才得以回到祖国的怀抱，也就是说，他的尸身和头颅被迫分离了145年。海顿的头颅回到祖国的那天，奥地利总统和政界人士、无数的国民为此参加了弥撒，政府还向海顿的后代正式道了歉。

在写海顿故事的过程中，我又找回了作为主播的初心。我开始反思，"我是否一直在发现新事物，是否为了能更生动、有趣地将故事介绍给听众而努力？"想到我经常敷衍了事、得过且过，突然心生愧疚。

海顿通过他的作品向我们传递了很多信息：创作者也应该不断研究新事物；在一个领域已经取得成功的人，除自身成功外，还要大方地指引后辈。

最后，以海顿这首横跨巴洛克时代和古典时代的《第一大提琴协奏曲》结束本章的故事。

推荐曲目07：《第一大提琴协奏曲》

这是海顿创作的第一首大提琴协奏曲。众所周知，这首曲子创作于1765年左右，但其手抄本却是在200多年后，在位于捷克布拉格的国立博物馆里被发现的，直到此时，这首曲子才开始得以正式演奏。这是一首独奏和合奏对比精妙的曲子，虽然是从后巴洛克时代跨到古典时代的过渡性作品，但却能让人感受到浓烈的巴洛克音乐色彩。

05

全世界最著名的古典音乐作曲家
莫扎特

| 沃尔夫冈·阿玛多伊斯·莫扎特 | ... |

人生还有什么？直接屈服吧。
欢迎前来委托作曲，保证一天完成！

> 我觉得作曲最容易了。

#神童 #早逝 #这个圈子里最著名的人

萨列里 我也没那么坏……
#这都是误会 #我也挺优秀的

康斯坦兹 今天去哪儿购物呢？晚餐要去外面吃。
#酒徒 #人生有什么？#讨厌公公

科勒雷多大主教 又去哪儿了？你得听我的！
#裁掉他 #顺从是美德

♪ 推荐曲目

01.《小星星变奏曲》
02.《第13号小夜曲》
03.《第40号交响曲》
04.《A大调单簧管协奏曲》
05.《土耳其进行曲》
06.《夜之女王咏叹调》

全欧洲公认的音乐天才

沃尔夫冈·阿玛多伊斯·莫扎特是全世界最著名的古典音乐作曲家,他有着震撼整个欧洲的"独一无二的神童"之称。正因如此,像电影《莫扎特传》或音乐剧《莫扎特》这种以讲述莫扎特人生为题材的作品至今仍然颇受欢迎,而有关莫扎特的才华和神秘死亡的一系列充满趣味的故事也层出不穷。

莫扎特于1756年1月27日出生于奥地利萨尔茨堡,兄弟姐妹7人,他是最小的。当时,欧洲的婴儿死亡率非常高,莫扎特的家人也经历了这种不幸,7兄妹中早夭了5人,就这样，莫扎特和姐姐南内尔彼此陪伴，度过了童年时光。

莫扎特的父亲利奥波德是一位曾任职宫廷乐团副团长的音乐家，所以，莫扎特姐弟自然而然地在音乐的熏陶中成长。比莫扎特大5岁的姐姐南内尔刚刚在音乐方面展露天赋，父亲利奥波德就开始正式教导她。而在一旁观察的莫扎特却开始模仿姐姐弹奏克莱维尔[1]，那时他还没正式接触过这种乐器。利奥波德惊讶之余，开始同时教导起小莫扎特。莫扎特学习音乐的速度非常快，显露出音乐方面与众不同的天赋，他3岁时就能完美地弹奏克莱维尔，5岁起就开始作曲了。

小时候的莫扎特

孩子聪明如斯，父母会怎样呢？想一想我们的父母，是不是从我们开始咿呀学语时，就自豪地相信"我家的孩子一定是天才"，然后到处向街坊炫耀呢？明明发音还不准确，父母可能就会说："我家宝贝已经会认字了！"莫扎特的父亲也大同小异，儿子小小年纪显露音乐天赋，就到处炫耀："我儿子会弹克莱维尔，又会作曲！连话都说不利索就会演奏了！"而此时，周围的人只以为这是作为父母的虚荣心在作怪，没觉得有什么了不起。

---

1 钢琴的前身，发出的声音和拨弦古钢琴相似。

084　伟大的旋律　18位传奇古典音乐家趣谈

得益于这样一位音乐家父亲，莫扎特从小就在家人积极的支持和关注中学习音乐，所以莫扎特幼年时期的作品很多都沾了父亲的光。每当小儿子哼着类似曲子的小调，坐在克莱维尔前面即兴演奏的时候，父亲就将曲子写下来，记录成谱。这位父亲的良苦用心可见一斑。

父亲利奥波德也是非常有名的宫廷乐师，他本人也很想成为一名成功的音乐家，但是当自己的孩子们在音乐上显露天赋后，他立刻就停下了本职工作，开始专心于子女的教育之中。特别是莫扎特刚满6岁时，他就开始带着全家人巡访整个欧洲，参与到小儿子的音乐经验积累之中。于是，莫扎特从奥地利出发，巡游了德国、法国、瑞士、荷兰等国，经常在贵族面前演奏音乐，得空就聆听该国大师们的曲目。因此，莫扎特在自身有天赋的基础上，还得到了家人，特别是父亲的鼎力支持和帮助。

推荐曲目01：《小星星变奏曲》

由12段变奏曲组成的曲子，以巴黎非常流行的《啊，妈妈，我要告诉你》这首歌曲为基础，于1778年创作而成。我们所熟悉的歌词"一闪一闪亮晶晶"是莫扎特去世后由他人填写的。虽然开始的旋律很简单，但是后续的展开却非常丰富、复杂，不负变奏曲之名。

漂泊的天才，梦想自由

莫扎特 12 岁时就能轻松创作歌剧，甚至还被指定为首席演奏者。仅凭这一点，说他是音乐方面史无前例的神童一点儿也不为过。他于 17 岁时开始就职于萨尔茨堡宫廷，跻身到专业作曲家之列。所谓"宫廷作曲家"，简单来说，就是专门作曲的公务员。当时的音乐环境不像现在，只要在网上点击就能听到音乐，当时要听音乐就必须去演奏现场听。当宫廷有重要事务或招待贵客时需要演奏音乐，甚至贵族们无聊时也要演奏音乐，所以王公贵族们需要有能不断写出符合自己品位的新曲的作曲家，莫扎特就是因此进入宫廷的。从他就职开始，就创作了大量的曲子，正因如此，他的收入非常可观。

如果你看过电影《莫扎特传》，会发现其中描写的莫扎特在不做音乐的时候就好像"缺根弦"一样，虽然事实确实如此，但是电影里的形象是进行了极端刻画和夸张的。其实，青年时期的莫扎特是一个非常贪心的人，他总是希望登上更大的舞台，也想培养更大规模的歌剧乐团和管弦乐团，但是萨尔茨堡这个城市太小，不足以满足莫扎特的野心。虽然萨尔茨堡现在顶着"莫扎特故乡"的头衔，举办了各种各样的活动和音乐节，但是在当时，这却是一个非常安静的小城，根本比不上意大利的音乐规模。而且莫扎特和雇用他的科勒雷多大主教之间矛盾不断，大主教希望他能顺从地为自己作曲，而莫扎特与大主教的想法不同，他想四处巡演、拜访其他作曲家，于是，两人的矛盾逐渐激化。

此时，莫扎特已经是一位闻名欧洲的作曲家了，既然在故乡无法得到足够的支持，出于对自己人气和能力的信任，他立刻辞去了宫廷作曲家的工作。在他被"困"宫廷时就有很多地方的乐团来找他，所以他觉得自己去了其他地方也能轻松找到工作。不过，无论是过去还是现在，求职似乎都不容易。虽然像慕尼黑等地都对莫扎特流露出兴趣，但是到最后，很多聘用事宜都告吹了。甚至莫扎特还亲自前往著名管弦乐团所在的曼海姆，请求他们雇佣自己，但也没能成功。

推荐曲目02：《第13号小夜曲》

莫扎特的第13首小夜曲的第1乐章非常著名，G大调，快板，几乎很少有人没听过，第3乐章曾被用作韩国地铁换乘站的背景音乐。

失业的莫扎特意外改行做了教师，毕竟先得养活自己，才能做别的事。当时的贵族们非常重视子女的音乐教育，所以经常费尽心力聘请有名的音乐家当家庭教师。莫扎特在当

古典时代　087

时是非常著名的作曲家，所以找他的人很多。

出入各大贵族家庭的莫扎特，有一天爱上了自己的学生，那个女孩就是阿罗伊齐亚·韦伯[2]。阿罗伊齐亚当时刚成为女高音歌手，两人几乎每天都黏在一起，关系越来越亲密。不知道是不是因为这段和天才作曲家的爱情，尽管身处一个女音乐家不容易出名的时代，阿罗伊齐亚还是成了一个有名的女高音歌手。

那么，两人的父亲是如何看待这段爱情的呢？正如大家所预想到的那样，两位父亲都非常不满意自己孩子的爱人。阿罗伊齐亚的父亲希望已经出名的女儿能嫁入一个体面而富有的名门之家，虽然成功的音乐家也有被授予贵族爵位的可能，但却不是我们常说的权势之家，他非常不满意女儿男友普通的家境和不稳定的收入；莫扎特这边的情况也一样，莫扎特的父亲希望天才儿子能更用心地创作音乐，继续向前发展，不想儿子沉迷于情爱，只做一个家庭教师。最终，两人在两个家庭的强烈反对下，自然而然地分手了。

此后莫扎特几经周折，最终重新回到了萨尔茨堡宫廷。当然，这个过程也并不顺利，有人说是他的父亲为了将漂泊的儿子拉回正途，特意请求了宫廷，也有人说莫扎特虽然不

---

[2] 阿罗伊齐亚·韦伯，和作曲家韦伯是亲戚关系。

想回到故乡，但是钱花光了，走投无路不得不回来。无论事情的真相是什么，总而言之，莫扎特向现实妥协，重新成了萨尔茨堡的公务员。不过他还是无法忍受小城市的压抑，最终反抗了想随心所欲利用自己的大主教，再一次提交了辞呈。生气的大主教让宫廷侍卫踢着莫扎特的屁股，将他驱逐出了王宫，这个故事就是著名的"莫扎特屁股事件"[3]。

推荐曲目03：《第40号交响曲》

被评价为莫扎特最杰出的作品，是后期的三大交响曲（《第39号交响曲》《第40号交响曲》《第41号交响曲》）之一。这首曲子的序曲非常突出，一开始就给人一种激动、焦虑的感觉，而整体很好地呈现了一种黑暗的感觉和充满悲剧的氛围。和《第25号交响曲》一起，是莫扎特所作的曲子中唯一的小调交响曲。

萨列里真的是"老二"吗？

受电影《莫扎特传》的影响，提起莫扎特就不可避免地想到一个人，那就是容易被大家认为是"万年老二"的安东尼奥·萨列里。宫廷乐团团长萨列里因为嫉妒莫扎特的天赋，一直欺负莫扎特，最终将莫扎特毒死，自己也在精神病院结

---

3 讲述关于莫扎特的音乐剧、电影等形式的作品中，经常出现的小插曲。

束了生命，这个故事广为流传。不过，这与历史事实完全不符，只是人们进行夸张和艺术加工的故事而已。

安东尼奥·萨列里

其实，如果去查阅古籍，也能看到"萨列里羡慕莫扎特"这样简短的记录，但是也仅限于羡慕莫扎特与生俱来的天赋而已，并不像电影所演的那样，莫扎特夺走了萨列里的位置，两人成了冤家对头。其实，当时两人的社会地位已经出现了巨大悬殊，在莫扎特成为冉冉升起的新星之前，萨列里已经在音乐界切实地站稳了脚跟，并且深受贵族们的信任，他要给各种歌剧和重要的活动作曲，非常忙碌，所以完全没有理由固执地去和莫扎特争夺地位，甚至将其毒死。

其实，萨列里与我们所熟知的"万年老二"的形象完全不同，很多年轻作曲家排队等着见萨列里，他还是一位老师，培养出了诸如弗朗茨·莫扎特（莫扎特的儿子）、贝多芬、李斯特这样著名的作曲家。萨列里的结局也和电影的结局完全不同，在莫扎特去世后，萨列里依然平和地度过了余生，活到了75岁，可以说非常长寿。一直到他去世的前一年，他还担任着宫廷乐师的职务，一直处于工作状态。我们能看到，他作为音乐家还保持着非常进取的职业精神，并不像电影里演的那样，死在精神病院。

即便如此，无辜的萨列里至今仍然背负着不白之冤，其原因可能就是因为莫扎特独特的人物特性。莫扎特是一个史无前例的天才，具有非常强的故事性，创作者们想要让这段故事显得更精彩、更充满戏剧性，就需要一个衬托莫扎特的"坏人"，于是萨列里就被迫充当了这个角色。因此，虽然萨列里也是古典时代优秀的作曲家，但这种"万年老二"给人的印象太过深刻了，他的曲子现在仍不怎么受欢迎，虽然是大师的作品，但也没能被好好珍藏，很多曲子都遗失了。

推荐曲目04：《A大调单簧管协奏曲》

这是莫扎特为与之交情颇深的单簧管演奏者安东·斯塔德勒所作的曲子，雄壮的管弦乐和单簧管独奏搭配在一起，和谐优美，交相辉映，是一首单簧管协奏名曲。随着第2乐章被用作奥斯卡获奖电影《走出非洲》的插曲，这首曲子更为出名，这也是莫扎特作的最后一首协奏曲。

莫扎特和康斯坦兹，两个不懂事的人相遇

莫扎特和阿罗伊齐亚·韦伯分手后，时不时换工作。到处漂泊的莫扎特在维也纳又一次遇到了韦伯一家，此时，他曾经深爱的阿罗伊齐亚已经和他人结婚，莫扎特开始和她的妹妹康斯坦兹谈起了恋爱，两人的关系日益加深。这次莫扎

特的父亲利奥波德依然强烈反对两人的恋情，但是与反对他和姐姐时不同，比起家境和财产，这次的不满更多集中在康斯坦兹奢侈又无能的品性上。

利奥波德希望找一个贤明的儿媳妇，即使自己哪天不在了，也能很好地照顾和支持莫扎特。但无论是过去还是现在，子女的爱情和婚姻怎么可能完全按照父母的心意来呢？正如父亲所担忧的那样，康斯坦兹非常喜欢娱乐和赌博，经常与人酗酒，性格也随性而感性，而且没有一点儿音乐素养，看起来完全不够格做莫扎特的贤内助。不过，越是有人反对，爱情之火就会燃烧得越旺，两人在利奥波德的强烈反对下，依然于1782年举行了婚礼。

两个没有经济概念、不懂事的人离开父母独立生活后，家里的钱和食物很快就见底了，尽管这个时期莫扎特创作了大量的作品，收入非常丰厚，但是在如此肆意地挥霍和奢侈生活下，钱依然不够花，他们很快开始借债生活。为了填补亏空，两人又陷入了赌博的深渊，自然，赌博所欠的债就像滚雪球一样，越来越多。莫扎特为了还债不得不到处借钱，据说给熟人增加了许多麻烦，甚至有人表示，无论是莫扎特还是莫扎特的信来了，一律不许放进家门。

都到了这步田地，家门似乎马上就要衰败了。但是，尽管缓慢，莫扎特还是在持续创作，不断发表新曲并取得了成功。莫扎特为了偿还不断增多的债务，开始到各个城市演出，赚取微薄的生活费，大多数时候还会去找贵族，承诺对方进行演出，以此获得经济援助，然后用这些钱来偿还债务。

此时，莫扎特突然开始不明缘由地发高烧、起疹子，即便卧病在床，他还是上演了为庆祝神圣罗马帝国皇帝即位典礼而作的歌剧，还首演了他最著名的歌剧《魔笛》。尽管身体疼痛难忍，但因为欠下的巨额债务，他不得不继续作曲。

推荐曲目05：《土耳其进行曲》

《土耳其进行曲》是莫扎特的《第11钢琴奏鸣曲》中的第3乐章。这首曲子的形式打破了奏鸣曲的典型框架，很好地体现了莫扎特自由奔放的风格。《土耳其进行曲》的名字源于第3乐章中标注的"土耳其风"这个指示词。

难道是天妒英才，音乐神童令人惋惜的结局

就在莫扎特通过借债艰难度日之际，他收到了一份来自一位年轻伯爵的高薪作曲委托，那个伯爵的名字就是弗朗茨·冯·瓦尔赛克，是一位刚经历丧妻之痛的男子。因为妻子突然离世，伯爵为了赞颂她，拜托莫扎特作一首追忆曲，莫扎

特为其创作的曲子就是非常著名的《D 小调安魂曲 K.626》。

既然从伯爵那里得到了丰厚的委托金，就要尽力作曲，但就在此时，莫扎特的病情逐渐恶化，高烧和浮肿加剧，随之而来的呕吐让他连坐起来都很困难，最终莫扎特还没写完《D 小调安魂曲 K.626》就撒手人寰了，这一年他才 35 岁。还没来得及哀悼这位早逝的天才，家人就发现了一个更大的问题——如果不能将完整的曲子交给伯爵，就必须返还巨额委托金。于是妻子康斯坦兹将莫扎特的若干弟子找来，拜托他们完成剩下的部分。但是弟子们因为担心老师的名声受损，不愿意续写曲子。就在是否要写剩下部分的争执声中，终于在截稿日期前完成了这首曲子。虽然几经周折，不过还是在弟子们的帮助下，莫扎特的遗属们才没返还委托金。

也许是因为莫扎特英年早逝，人们对他的死亡总有无数猜疑。有人说莫扎特是共济会成员，他的曲子里包含太多共济会的象征元素，共济会为了防止泄密而杀了他；也有人相信像电影《莫扎特传》的结局一样，是萨列里毒死了莫扎特。

如果只讲事实，莫扎特是在高烧不退 15 天时突然死亡的。有人认为，莫扎特死前的症状和吃了不熟的猪肉引发的旋毛虫病的症状类似，但是旋毛虫病的潜伏期大概是 15～60 天，死亡日期与潜伏时间不符，所以这种主张也只是一种猜测而已。而遗属们对莫扎特进行了简单尸检后，也只证实了出疹子和发热的事实，并没有发现死因，所以莫扎特准确的死因至今还是一个谜。这么一位音乐界的天才，其神秘的死亡至今仍能制造出无数传闻。

　　还有更令人惋惜的一点，那就是没有人知道莫扎特准确的埋葬地点。莫扎特被怀疑死于传染病，所以依照律法被埋在了公墓中，没有一个人看到过他最后的样子。随着时间的流逝，学者们为了找出他的死因，挖掘了多个坟墓，但还是没能找到他的尸体，更加剧了关于他的死亡的蹊跷感和神秘感。曾经震撼全世界的天才，终于还是迎来了他如此荒诞的结局。

　　我们周围也有一些像莫扎特这样，被名气和荣华富贵所包围的人，有人会羡慕他们的生活，不满自己的人生。但仔细去想，所有的人生都有两面性。外表越华丽，往往内心就会伴随越深的黑暗；而本以为独自陷入黑暗之中，但只要凿开一条细小的缝隙，从外面透进一束光，也足以照亮整个人生。

　　在写莫扎特的故事时，我总是反复回味"现在"。虽然全世界有很多人至今仍然在叫他的名字，听他的音乐，但是他所生活的"现在"又是什么样的呢？他真的幸福吗？

推荐曲目06：《夜之女王咏叹调》

《魔笛》是莫扎特死前两个月完成的歌剧，被评价为莫扎特最后的力作。其中，夜之女王所唱的《夜之女王咏叹调》原本的名称是《复仇的火焰在我的心中燃烧》，歌词内容主要是挑唆自己的女儿帕米娜去杀害对手萨拉斯特罗。这首咏叹调被英国古典音乐广播节目评选为"世界最著名的歌剧咏叹调"。

06

失聪也没关系，古典时代的终结者

贝多芬

路德维希·凡·贝多芬

永远的爱人……
让我看看，是谁呢？

Liebe Liebe Liebe

#命运 #爱 #曲子不是用耳朵，而是用心谱写的

永远的爱人 想知道我是谁吗？
#我也不知道自己是谁 #电影只是电影

海顿 多芬啊！你最近在背后说我闲话了？要受罚啊……
#活得圆滑点儿 #好是好

舒伯特 我是你的粉丝！
#贝多芬的铁粉 #想见贝多芬

♫ 推荐曲目

01.《命运交响曲》
02.《悲怆奏鸣曲》
03.《月光奏鸣曲》
04.《幽灵》
05.《致爱丽丝》
06.《热情奏鸣曲》
07.《田园交响曲》
08.《合唱交响曲》

伟大的旋律　18位传奇古典音乐家趣谈

差点儿成为"莫扎特第二"

古典时代作品的名字大多像《第一交响曲》或者《第三钢琴奏鸣曲》这样，由曲子的形式和编号组成。因为复杂的专业词汇和数字，如果是对古典音乐不太关注的人，就不太容易记住曲子的名称。不过本章要介绍的这位作曲家，他的作品很多都特别附上了其他名称。例如，用作学校铃声或卡车倒车音的《致爱丽丝》、很多广告都用过的《命运交响曲》、学校音乐室怪谈中经常响起的《月光奏鸣曲》等。

本故事的主人公就是一直名列"世界最著名的作曲家前三名"，古典音乐爱好者都非常熟悉的路德维希·凡·贝多芬。

贝多芬于 1770 年 12 月 17 日[1]，出生于德国波恩。祖父是宫廷合唱团的男低音歌唱家，父亲是宫廷乐师。他的家庭背景是不是和莫扎特很像？但是两个家庭的教育方式却大相径庭。莫扎特的父亲就是"狂热父亲"，"我家的孩子是天才、是神童！"父亲是这样看待莫扎特的，他积极支持和帮助儿子，一直努力让儿子更成功。

贝多芬的父亲——约翰·凡·贝多芬

反之，贝多芬的父亲却对儿子非常严厉。父亲是贝多芬的第一任音乐老师，据传小贝多芬特别害怕父亲给他上课，甚至到了每次上课都会哇哇哭的程度。可能正因如此，才编出了很多贝多芬父亲的斯巴达式教育方法的传闻，例如将贝多芬关在房里，让他练习拉小提琴，或者为了把他变成演奏克莱维尔的神童，盯着他通宵练习等，而且这些教育方法流传甚广。其中，部分是真实的，但也有部分是没有出处、被过度夸大的。不过，从相对准确的记录——音乐学者们的论文中，对贝多芬和其父亲关系的处理来看，只能证实，父亲确实对儿子的音乐教育非常严格。

---

[1] 贝多芬准确的生日尚不清楚。有人认为12月17日并不是他的生日，而是他的洗礼日，也有人认为12月16日是他的生日。

关于贝多芬和其父亲流传最广的趣闻，大概就是将贝多芬的年纪隐瞒 2 岁的故事了。贝多芬的父亲想将儿子包装成像莫扎特那样非凡的音乐神童，所以隐瞒了当时 8 岁的贝多芬的真实年龄，说成是 6 岁。我们现在已经知道了贝多芬后来取得的无数成就，所以会疑惑，"就算让他自由发展也会成为了不起的人物，为什么要那样逼迫他呢？"但是在当时，欧洲到处流传着莫扎特的故事，其他新人作曲家并不容易得到关注，所以为了得到"莫扎特第二"的名声，父亲隐瞒了他的年龄，试图将他包装成年纪更小的神童[2]。

推荐曲目01：《命运交响曲》

这部交响曲的第一小节的8个音，给人留下了非常深刻的印象。"命运就是像这样敲门的。"贝多芬在其中这样写道，所以这部交响曲被称作《命运交响曲》，其还被评价为结构完成度非常高的作品。

人脉大王贝多芬的众多熟人

贝多芬尚未出名的时候就已经与很多相当出名的人来往

---

[2] 部分学者主张这也不是事实，而是固执的贝多芬杜撰的与父亲不和的传闻。

了。拜父亲高昂的教育热情所赐，他还曾向欧洲的著名作曲家们学习过，他所拜的老师中最著名的音乐家是海顿。海顿是一个处事圆滑、性情温和的人，所以与挑剔、细致的贝多芬性格不太合。其实，海顿曾毫不吝啬地称赞过贝多芬的诚实和天赋；贝多芬也曾用"作为音乐家，我很尊敬他，但是作为老师，他不怎么样。"这样的话评价过海顿。最终贝多芬接受海顿的教导不满两年就放弃了。

即便在现今，社会生活中也存在所谓的"背景"，站在不同的"队伍"中，人生也可能会受到影响。在当时的欧洲音乐界，团体和靠山风气盛行，所以改换老师不是一件容易的事情，稍有不慎就可能遭到音乐界"雪藏"，所以做事一定要非常有眼力见儿。贝多芬虽然想快点儿离开海顿，但还是识趣地在海顿身边老老实实地待了两年。一般情况下，师生分开后，彼此的关系就会破裂，但幸运的是，贝多芬和海顿自始至终都保持着良好的关系，他甚至还将自己尚未发表的曲子优先演奏给老师听，也给海顿献过曲。

贝多芬还是安东尼奥·萨列里[3]的学生，就是那位众所周知的莫扎特的"冤家对头"，贝多芬向他学习声乐及歌剧作曲，所以，用现在的话来说，贝多芬几乎算是向那个时期

---

3 因为电影《莫扎特传》的影响，而被世人所误解。

的特级讲师学习了。即便是现在，让明星讲师当私人老师也不是一件容易的事情，那贝多芬是如何做到让当时最有名的人物成为自己老师的呢？从专业人士的立场来看，能拜"当时最有名的人士做老师"，有以下三个推测。

第一，大师们看到了贝多芬的巨大潜力，率先认他为自己的学生。

第二，贝多芬的家庭人脉甚广，所以比其他人更容易认识大师。

第三，贝多芬的家庭非常富裕。

贝多芬尚在如火如荼学习音乐之际，因父亲饮酒无度，家产几乎挥霍殆尽，所以家庭富裕的假设不成立。第一和第二个主张有一定的可信度，贝多芬作为著名音乐之家的子弟，同时自己还很有实力，所以当时的大师们也是有可能想收贝多芬为徒的。

有人说，贝多芬和同时代的作曲家莫扎特曾见过面，有过直接交流，不过并没有找到两人见面的有力证据。有观点认为，是不是撰写莫扎特传记的作者草草提了一句"莫扎特称赞了贝多芬的作品"，但是却被以讹传讹，夸大成了"两人见面了"？不过无论怎样，重要的是，贝多芬非常喜欢莫扎特的作品，莫扎特也认为贝多芬是一个曲子写得不错的孩子，两人对彼此的印象都很不错。

贝多芬的另一个人脉是舒伯特。贝多芬逝世的前一周，舒伯特特意来拜访过他，两人的见面还充满了戏剧性。有传闻称，此时的贝多芬曾对舒伯特遗憾地说："我们要是能早点儿见面就好了。"他还对舒伯特的作品和将来给予了祝愿，而听到自己毕生的偶像贝多芬的称赞，舒伯特甚至激动得哭了。

无论如何，贝多芬拥有着强大而华丽的人脉关系，并不像世人认为的那样，他脾气不好、个性乖张。如果他发现了曲子写得好的作曲家，无论是前辈还是后辈，也无论是何国籍，他都会亲自前去拜访交流，并寻求对方的建议。贝多芬是一个非常善于社交的人，如果说他和我们所知道的古典时代还算不错的作曲家都见过面，这一点也不夸张。

推荐曲目02：《悲怆奏鸣曲》

1798—1799年创作而成，是献给利赫诺夫斯基王子的曲子。和《月光》《热情》一起，被称为贝多芬的三大奏鸣曲。《悲怆奏鸣曲》比贝多芬的后期作品要更简单，旋律更优美，所以是很多人都非常喜欢的曲子。贝多芬还亲自给这首曲子取了"悲怆"这个标题。

该独占贝多芬遗产的女人是谁？

贝多芬有着非常辉煌的恋爱史。因为各种媒体把他的性格塑造成"乖僻"（其实不是传闻，而是真的），所以给我们留下了他谁也不爱，一直独自生活的深刻印象，但事实是，他的行为与传闻正好相反。有关贝多芬恋人的故事，可谓是非常具有刺激性的音乐史之一，每当快要被遗忘时，就会被拿出来重新加工一番，甚至还为此制作了一部名为《永远的爱人》的电影。贝多芬的恋爱故事之所以会被编成著名的民间故事广泛流传，都是有原因的。一辈子独身的贝多芬，在他去世前却留下了"将我所有的财产和所有的音乐献给我永远的爱人"这样的遗言。这是真的吗？那贝多芬最爱的、可以继承贝多芬全部遗产的女人究竟是谁呢？

电影《永远的爱人》就始于贝多芬留下的一封遗书。贝多芬的葬礼结束后，他的朋友兼秘书辛德勒找到了他最后的遗书，遗书上写着："将我所有的财产和所有的音乐献给我永远的爱人。"辛德勒按照贝多芬的遗嘱，开始寻找"永远的爱人"。电影里列出了三名"永远的爱人"的候选人。我记得当时看这部电影的时候还很疑惑，候选人怎么只有三个？因为，贝多芬虽然以162cm的矮个子和乖僻的性格而闻名，但是他的恋爱史却比大多数人都要辉煌。

无论是过去还是现在，如果将恋爱中的人进行分类，似乎都可以分成两类——两人安安静静交往的类型和昭告天下、传闻满天飞的类型，贝多芬完全属于后者。他不仅向周围的人大力宣扬，"我在和她交往，我非常非常爱她"，而且每次谈恋爱的时候都要作曲献给对方。记得我上大学时分析过贝多芬的曲子，分析的时候我大受震撼，不禁连连感叹，"这首居然也是写给女人的曲子？""这个也是？""这首曲子也是？"

其他暂且不提，电影里提及的"永远的爱人"的候选人总共三位，都是和贝多芬有瓜葛的真实存在的人物（当然，因为是电影，所以具体内容做了大量改编）。那么我们去伪存真，剔除电影的虚构成分，找一找真实存在的"永远的恋人"。

朱丽叶塔·奎查蒂

1号候选人是朱丽叶塔·奎查蒂。她是贝多芬的学生，也是他打算结婚的对象之一。其实也不用为他们感到惋惜，反正贝多芬打算结婚的女性也不止一两个。无论怎么说，我们所知道的是，这个女子给了贝多芬非常多的音乐灵感，但是很可惜，她似乎并不像贝多芬爱她那样爱着贝多芬。

电影里将两人的感情刻画得似乎很深厚，但实际上更多的是贝多芬的单相思。当时的欧洲社会以贵族为中心，奎查蒂的父亲不想让地位低下的贝多芬当自己的女婿，所以强烈反对两人交往。在这个故事中，奎查蒂并非一个爱得深切的女主人公，她完全没有任何反抗父母的举动——绝食、哭哭啼啼、威胁父母等，反而是迅速向贝多芬提出分手，然后立刻和贵族出身的作曲家结婚了。她对与贝多芬分手这件事表现得毫不在意，甚至有人怀疑，是不是平时喜欢在社交圈里受到关注的她，为了炫耀自己是贝多芬的缪斯女神，而故意说自己在和贝多芬交往。

看到这里，1号候选人似乎并不是"永远的爱人"，但是令人惊讶的是，"不是奎查蒂"的主张直到最近才得到证实。就在100年前，大家还认为奎查蒂就是贝多芬永远的爱人呢。那是因为，两人留下了很多来往的情书，而且贝多芬至死都保存着奎查蒂的肖像画，更重要的是，由于贝多芬曾经的秘书辛德勒将奎查蒂指认为"永远的爱人"，大家也就相信了。但是到了近现代，出现了反驳这一观点的其他证据，大家才知道，她并不是"永远的爱人"。

前面说过，贝多芬每次坠入爱河都会送曲子给恋人当作礼物，那么我们借此机会，介绍一下贝多芬献给奎查蒂的曲子吧。这首曲子非常著名，在评选贝多芬最受人喜爱的曲子时，总能名列前五。

推荐曲目03：《月光奏鸣曲》

即贝多芬的《第十四钢琴奏鸣曲》。"月光"这个标题来源于批评家路德维希·雷尔施塔布听了第一乐章后说出的"犹如瑞士琉森湖那月光闪烁的湖面上一只摇荡的小舟"的评语。这首曲子结构独特，第一乐章是自由的幻想曲风格，而第三乐章却是奏鸣曲形式。1801年这首曲子完成后被献给了朱丽叶塔·奎查蒂。

下面我们来见一见2号候选人——艾尔多迪伯爵夫人，全名是安娜·玛丽·冯·艾尔多迪。从伯爵夫人这一称呼，大家可以推测出她是一位有夫之妇。学者们对伯爵夫人也有很多争论，因为虽然有一些证明伯爵夫人是"永远的爱人"的证据，但是如果就此断定是她，似乎还缺少一些力证。下面我们一起来看看都有哪些证据吧。

证据一，和奎查蒂分手的贝多芬，在艾尔多迪的陪伴下度过了失恋的悲伤期。

证据二，艾尔多迪是贝多芬非常优秀的学生和音乐界的同事。

证据三，贝多芬和艾尔多迪有着非常感性化的交流。

虽然有这些证据，但大多数学者将这两人的关系定义为"知己"。既然如此，那一开始就将他们说成是朋友关系不就可以了，为什么还要说关系模糊，让人糊涂呢？之所以将两人的关系判断为模糊，主要原因在贝多芬身上。看两人的来往信件，贝多芬给艾尔多迪留下了很多这样的句子：

Liebe liebe liebe...

"liebe"是德语单词，意思是"爱"，所以他在信件中常对这位夫人胡乱示爱，这样任谁看到都会觉得两人是恋人关系。不过学者们认为，两人的关系还没达到相爱的程度，其中有一个有趣的原因。当时贝多芬是所属地区出了名的卡萨诺瓦（译者注：冒险家，有名的风流浪子），对无数女子说过爱她，所以寄给艾尔多迪的写着"爱"的信件可能并非情书，而应该是一种"习惯性示爱"。想到至今仍然饱受尊敬的大师，被学者们当成"快速坠入爱河，胡乱对人说爱的人"，莫名觉得好笑，但同时也有点儿丢人。虽然不是"永远的爱人"，但贝多芬和艾尔多迪伯爵夫人进行了非常活跃的音乐交流。既然是这么亲密的关系，贝多芬当然也给她送过曲子，其中最具有代表性的是《幽灵》《第四小提琴奏鸣曲》和《第五小提琴奏鸣曲》。

推荐曲目04：《幽灵》

这首钢琴三重奏曲是贝多芬的杰出代表作。之所以命名为《幽灵》，是因为第2乐章广板（非常缓慢）的阴沉氛围，与欢快的第1乐章形成了鲜明的对比。这首曲子创作于1808年，是献给艾尔多迪伯爵夫人的两首钢琴三重奏曲中的第一首。

第三位候选人约翰娜·里斯是相关电影中被改编最多的人物，也是被指定为"永远的爱人"中非常令人震惊的人，因为这个女人是贝多芬亲弟媳。不过，虽然在电影中这个女人被刻画得对贝多芬非常重要，但实际上，她却是最让贝多芬生气的人。贝多芬的弟弟刚去世，成为遗孀的约翰娜就撇下儿子，过起了放荡的生活，对此看不下去的贝多芬想要获得侄子的抚养权，但是约翰娜却对贝多芬提起了诉讼，此后两人开始了长期的抚养权争夺战。约翰娜利用贝多芬对侄子的爱，以儿子为人质，费尽心思想要争夺更多的遗产。在这种关系下，要说她是贝多芬"永远的爱人"，那简直是无稽之谈。

真正的"永远的爱人"到底是谁？

除了电影中改编的三位候选人，我们再来看看音乐学者们推测的"永远的爱人"吧。学者们推测的第一位候选人是贝多芬的学生——布伦斯维克姐妹，你没看错，不是布伦斯维克小姐，而是布伦斯维克姐妹，荒唐吧？事实上贝多芬和姐妹两人都谈过恋爱，贝多芬的中期作品《第二十四钢琴奏鸣曲》就是送给姐姐特蕾莎的，但是因为这首曲子的副标题并不是"特蕾莎"，而且历史上几乎没有关于两人的记录，所以学者推测，贝多芬和姐姐的感情并不是很深。不过倒是有记录显示，贝多芬和妹妹约瑟芬的爱情比和姐姐的要深厚一些。其实约瑟芬还曾和贝多芬订过婚，不过不用太惊讶，就像我前面讲的那样，和贝多芬订婚的女子也不止一两个，约瑟芬最终也没能和贝多芬步入婚姻的殿堂。

学者们主张的第二个候选人是另一个特蕾莎，那个女孩叫特蕾莎·玛尔法蒂，和刚刚介绍的特蕾莎·布伦斯维克同名。其实这个特蕾莎是被最多人认为是"永远的爱人"的女子，其原因就是我们所熟悉的《致爱丽丝》这首曲子。这首曲子非常著名，凡是会弹钢琴的人，几乎都弹过它。不过有说法认为，这首曲子的题目原本不是《致爱丽丝》，而是《致特蕾莎》，学者们认为，因为贝多芬字迹非常潦草，曲子上写的"特蕾莎"，被人们误看成"爱丽丝"。而且这首曲子的手稿一直在特蕾莎手中，这一事实也为这个观点提供了佐证，也就是说，这首世界名曲，差点儿变成《致特蕾莎》。

推荐曲目05：《致爱丽丝》

贝多芬的钢琴小品。至于"爱丽丝"是谁，这一点没人清楚，除了前面介绍的特蕾莎，也有人认为名叫"伊丽莎白·勒克尔"的女子是真正的爱丽丝，因为当时伊丽莎白这个名字多被亲昵地叫作"艾丽莎""爱丽丝"等，而那个女子在签名时使用了"玛利亚·伊娃·艾丽莎"这个名字。这首曲子的序曲还常被用作学校铃声、倒车警示音、电话彩铃等。

还有一些"永远的爱人"候选人，如安东尼·布伦塔诺、埃莱诺尔·冯·勃朗宁等，但还是没能找到与遗书上完美契合的爱人，关于贝多芬"永远的爱人"的证据还在不断研究和发现之中。贝多芬这一生与无数女子谈过恋爱，留下了各种各样的爱情故事，但是却没能和任何一个女子步入婚姻的殿堂，孑然一身过了一辈子。最终他的巨额遗产全都被电影中的第三个候选人约翰娜·里斯的儿子，也就是贝多芬的侄子卡尔·贝多芬继承了。能不断传出香艳绯闻也是很了不起的，不过也不容易，居然一个都没成功，爱情真是伟大，同时也是如此虚幻啊。

贝多芬已经去世这么多年，人们还是对他真正唯一的爱人到底是谁如此好奇，难道不正是源于现代人对真正的爱情的渴望吗？

推荐曲目06:《热情奏鸣曲》

《热情奏鸣曲》是贝多芬中期作品中最具有代表性的杰作。形式上结构完美,技巧上卓越优秀。《热情奏鸣曲》这个标题虽然是贝多芬去世后由出版商起的,但是因为它准确地一语道出了这首曲子的本质,所以一直被沿用至今。这首曲子和贝多芬的感情史高度契合,所以这也是一个被赋予了各种各样背景故事的作品。

创作的所有交响曲全部有名字

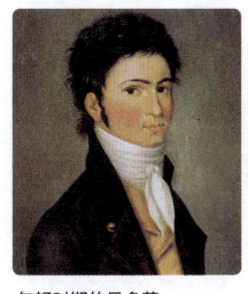

年轻时期的贝多芬

让我们再次回到贝多芬的作曲人生上来,虽然贝多芬是古典时代的代表性人物,但是他的音乐风格并不局限于"古典"上,反而囊括了古典、古典后期、早期浪漫,风格变化多样,所以贝多芬的作品也被分成早期、中期、晚期三个阶段。如果说他的早期作品赤裸裸地展现了古典时代的形式美,清晰地呈现了呈示部和展开部的框架,那么中期作品就包含了很多贝多芬的感情和哲学理念,而晚期作品中的很多曲子优美而抒情,有着浪漫时代的萌芽。如果不能逐一欣赏他的所有作品,就以他的代表作交响曲为例,来观察其作品的变迁史吧。

贝多芬的交响曲共有9部,分别是早期曲第一和第二交

古典时代　113

响曲，中期的第三至八交响曲，晚期的第九交响曲，除了早期创作的两部交响曲，剩下的所有交响曲都有自己的名字。

推荐曲目07：《田园交响曲》

《田园交响曲》由5个乐章组成，也是贝多芬的《第六交响曲》。在交响曲的最前面，贝多芬亲自写着详细的说明："乡村生活的回忆，写情多于写景。"对此，有人认为，他是不是担心《田园交响曲》被认为是标题音乐（用文字说明作曲家意图和表现内容的乐曲）。这首曲子的每个乐章都有副标题，第1乐章的副标题是"初到乡村时的愉快感受"，描绘了明快、清新的田园风景和乡村平静、安宁的氛围。

《英雄》（第三交响曲）是贝多芬以自己特别崇拜的拿破仑为主题创作的曲子。原名为《拿破仑》，但是在拿破仑发动战争并称帝后，失望的贝多芬将这首曲子的名字改为《英雄》，并撕下了写着"献给拿破仑"的封面，以此表达对他发动战争的反感。

《浪漫》（第四交响曲），一首相较而言不那么出名的曲子。

《命运交响曲》（第五交响曲）和《合唱》最受人喜爱，最开始就是"sol sol sol mi ♭"四个强音，给人留下深刻的印象。其实《命运交响曲》这个名字也不是贝多芬取的，贝多芬在曲子前面写上了"命运就像这样敲门"的字样，后来的学者们在此基础上，给这首曲子取了《命运交响曲》这个名字。

《田园》（第六交响曲）是贝多芬的交响曲中唯一一部由5个乐章构成的长曲。正如名称《田园》所示，这部交响曲以自然为主题，每个乐章的副标题和意义都不同。

《大曲》（第七交响曲）和《小曲》（第八交响曲），可能很多人还是第一次听到这两部曲子的名称。因为对名称陌生，所以很多时候只标记为《第七交响曲》或《第八交响曲》。之所以在"曲"前面加上"大"和"小"，其实有一个可爱的插曲故事。《第七交响曲》和《第八交响曲》是同时发表的，《第七交响曲》比《第八交响曲》更宏大、更华丽，所以贝多芬给《第七交响曲》命名为《宏伟交响曲》，给《第八交响曲》命名为《小规模交响曲》，并进行了出版。曲子的知名度也是《第七交响曲》比《第八交响曲》更大，在《第七交响曲》的第1乐章被用作日剧《交响情人梦》的开幕曲后，这首曲子更为大众所熟知。

《合唱》（第九交响曲），这是非常著名的曲子，贝多芬手写的乐谱也入选了联合国教科文组织的《世界遗产名录》。因为其中出现了交响曲中很难见到的合唱团，所以被命名为《合唱》，不过这也不是贝多芬亲自取的名字。我们提到《合唱》交响曲，立刻就能想到的音乐就是第4乐章中的《欢乐颂》了。

古典时代　115

即便不进行深入的音乐研究，只看标题，也能知道贝多芬的交响曲各自具有非常鲜明的特色，无穷的变化和不知道会飘向何方的主题。大家准备好，前往贝多芬打造的交响乐庆典了吗？

丢失声音

与工作不顺、生活辛苦的莫扎特不同，贝多芬从开始创作就一直顺风顺水，获得了丰厚的财富和极高的声誉。但是，就在一切顺遂之际，他人生中的不幸不期而至。1796年，贝多芬的听力开始出现问题，此时他才26岁。随着听力的逐渐衰减，从1814年开始，他已经完全听不到声音了。贝多芬失去听力最可能的原因被认为是铅中毒，但是铅中毒也并不一定就必然会丧失听力，所以这只是一种猜测。

据说直到1812年，他还能模模糊糊区分出说话声或音调的高低。他的后天性听力障碍自然也影响了他的创作活动。他的《第一交响曲》发表于1800年，《第八交响曲》发表于1814年，也就是说，他在创作第一部交响曲的时候就已经出现听力障碍了，而创作第八部的时候几乎已经听不到任何声音了。现在仍然颇受大众喜爱的这些交响曲，居然是在他几乎听不到声音的状态下写的，光是想一想都让人惊叹不已。贝多芬的性格之所以变得敏感，也和他丧失听力有关。贝多芬是一个非常喜欢演奏、享受站在舞台上的感觉的人，但是因为听力问题，他再也不能从事作曲之外的其他工作了，性格自然也就变得越来越敏感了。

贝多芬临死前仍在作曲，因为身体越来越差，他无奈地留下"太遗憾，太迟了"这样著名的临终遗言后就陷入了昏迷，最终于1827年3月26日与世长辞，年仅56岁。贝多芬去世后，有超过2万人蜂拥而至，来参加他的葬礼。艺术界人士也参与了他的送殡仪式，甚至站在最前面移棺的舒伯特，还在葬礼上不断哭泣，一时被传作佳话。

贝多芬的送葬队伍

莫扎特和贝多芬虽然经常被人们比较，但是仔细研究，发现两人除了生活在同一时代，几乎没有过接触，无论是作品风格还是性格，两人都大相径庭。莫扎特是与生俱来的天才，而贝多芬不同，他是努力型天才。而且，莫扎特虽然在"神童"的赞誉声中长大，但结局凄凉，贝多芬却集无数人的爱戴于一身，被看作德国的英雄。

无论人生的河流如何流淌，最终莫扎特和贝多芬都因不治之症和残疾饱受痛苦，在病痛的折磨后迎来了人生的最终归宿——死亡。可以说这两位天才的生活有相似之处，也有很多不同。我们每个人都曾幻想过，"我要是天才就好了"。

古典时代　117

但是真正去看天才们的一生，发现他们过得并不是那么幸福。不过，他们的作品能在几百年的历史长河中始终熠熠生辉，这就是意义重大、最为宝贵的事情了。

那么，我们要以什么样的心态来生活呢？我们最终会留下些什么呢？

推荐曲目08：《合唱交响曲》

这是贝多芬听力完全丧失后完成的作品。第4乐章中出现的《欢乐颂》是合唱曲，所以取了《合唱交响曲》这个名字。贝多芬这首曲子的手写乐谱被列入了联合国教科文组织的《世界遗产名录》。

冗长且复杂的古典音乐曲名的秘密！

Piano Sonata Op.5, No.3 1st. Mov.

大家有没有这样的经历，在咖啡店到一首古典音乐，心生欢喜，于是去询问曲名，但是名称却偏偏是 *Piano Sonata Op.5,No.3 1st.Mov.* 无论是想告诉你的店员，还是想努力记下来的自己，都觉得不知所措，或者因为很喜欢，努力记下来了，但是名称太过冗长，数字太复杂，等想再的时候却忘记了。

虽然古典音乐曲名看起来冗长且复杂，但如果仔细研究，就能发现它其实有着简单且固定的结构。通常古典音乐曲名中包含了如下几个要素：表示演奏乐器的"编制"、表示乐曲结构的"形式"、出版编号、乐曲编号、乐章号。

曲名最前面的大多是乐器名称，例如 *Piano Sonata Op.5,No.3 1st.Mov.*，最前面的"Piano"（钢琴）就是指演奏这支曲子的乐器，后面紧跟着的是形式，在 *Piano Sonata Op.5,No.3 1st.Mov.* 这个示例中的形式就是"Sonata"（奏鸣曲）。Sonata（奏鸣曲）、Sonatine（小奏鸣曲）、Rondo（回旋曲）、Variation（变奏曲）等都是表示形式的专业词汇。通过这些专业词汇，可以大致推测出曲子的编写结构。

Op. 是拉丁语单词 Opus 的缩写，意思是作品，表示出版编号。No. 是"数字"（源自拉丁语 Numero，缩写成 No.）的意思，表示这是作者创作的第几首曲子。因为一次出版可能只有一首曲子，

古典时代　119

也可能是几首曲子捆绑在一起出版的，所以，说曲子的标题时只要说出 No. 就能准确地找到是什么曲子了。而如果只提 Op.，最终可能会重新回到"是其中的哪首曲子？"这个问题上来。*Piano Sonata Op.5, No.3 1st.Mov.* 表示这首曲子是奏鸣曲中创造的第三首曲子，第五次出版物。

最后的 Mov.（Movement）表示乐章，所以前面经常跟随类似 1st、2nd、3rd、4th 这样的表述。现在是不是明白了？下面我给大家整理了一些与曲子的形式相关的音乐用语。

按曲子形式区分

Sonata（奏鸣曲）：通常是由3~4乐章构成的多乐章曲。很多奏鸣曲每个乐章都有不同的主题，在一个乐章中大多为"呈示部—发展部—再现部"这样的结构，结构和方向非常明确。

Sonatine（小奏鸣曲）：奏鸣曲的简化版，呈示部、发展部、再现部的区分比奏鸣曲更明显。如果说奏鸣曲是由多个乐章构成的，那么小奏鸣曲则由单一乐章组成。

Rondo（回旋曲）：一个主题反复出现的曲子，中间会穿插变形的主题，一般是"A（主题）—B（变形主题）—A—C—A—D……"这样的形式。

Variation（变奏曲）：将一个主题进行各种变化后演奏出来的曲子。就主题反复出现这一点而言，和回旋曲相似，但回旋曲是同样的主题整体反复出现，而变奏曲是一个主题不断变化出现，就这一点来说，二者存在差异。

Cantata（康塔塔）：巴洛克时代发展出来的一种声乐曲形式。如果讲述的是宗教内容，那就是教会康塔塔，如果讲述的是世俗内容，那就是世俗康塔塔。

Opera（歌剧）：有剧本的音乐剧。

Oratorio（清唱剧）：和歌剧一样，是有剧本的音乐剧，但是演员不需要演戏，是一种以圣经内容为主题创作的宗教音乐。

Minuet（小步舞曲）：17—18世纪欧洲流行的三拍舞曲。

Prelude（前奏曲）：曲子最前面出来的音乐，在主要音乐之前演奏的曲子。

Etude（练习曲）：为了练习某种独奏乐器而编写的曲子，其中蕴含着各种各样的技巧。

Nocturne（夜曲）：以夜为主题的抒情曲。

Blallade（叙事曲）：浪漫时代常写的抒情曲，通常是"A—B—A"的三段式构成。

Symphony（交响曲）：为管弦乐团演奏所创作的管弦乐曲，其特征是通常由4个乐章构成。

Concerto（协奏曲）：由一个独奏乐器+管弦乐团构成的器乐套曲。独奏者站在指挥左侧，和管弦乐团形成对立局面，彼此交替旋律进行演奏的曲子。

第3乐章

浪漫时代

07 门德尔松

08 舒伯特

09 肖邦

10 李斯特

11 舒曼和克拉拉

12 勃拉姆斯

13 瓦格纳

浪漫时代

浪漫时代！光听名字就能感觉到这是一个非常感性的时代，与之前的时代相比，浪漫时代的准确年代更加难以界定。从古典时代的末期开始，直到1950年仍然有着浪漫时代的痕迹，所以通常我们说"浪漫时代"的时候，都是笼统地指19世纪初期到20世纪上半叶。大家是否还记得，我在前面说过，古典时代追求固定形式美，而浪漫时代的音乐则呈现有别于古典时代的形式。

让我们来假设一下，身边有一位身着正装、干净利落的人，与自由奔放的形象相比，大多数人会对正统的形象感觉更舒服，所以第一次见面时就会感觉他很帅气。但是，如果这个人每天都穿着连衣角都没有一点儿折痕的西装站在那里，你会不会感到审美疲劳，感觉他是一个活得很累的人？

音乐也是如此，浪漫主义音乐的出发点就是意图打破古典时代的客观形式和模式化的框架，重视表现力和独创性，强调音乐家的主观性。而且，"浪漫"最能优雅地触动人的情感，所以这也就成了现在大众最喜欢的一种思潮。

在本书中，介绍浪漫时代的作曲家最多，从门德尔松到舒伯特、肖邦、李斯特、舒曼（和克拉拉）、勃拉姆斯、瓦格纳，总共八位作曲家登场。在阅读这部分内容时，除了音乐，还请认真倾听在这个最浪漫的时代,憧憬浪漫的这些名人的爱情故事。说不定在阅读的时候,某个瞬间你也会爱上他们。

门德尔松
1809—1847

肖邦
1810—1849

李斯特
1811—1886

勃拉姆斯
1833—1897

舒伯特
1797—1828

舒曼
1810—1856

克拉拉
1819—1896

瓦格纳
1813—1883

浪漫时代　125

07

看着让人不由心生嫉妒，音乐史上最富裕的富二代

门德尔松

费利克斯·门德尔松

要不再买一个交响乐团?

我个性敏感。

#结婚进行曲 #投胎技术 #巴赫请客

歌德 天才朋友!我们下次什么时候见面啊?
#思想家 #不加好友 #喜欢门德尔松

父亲 儿子,我送了你一支交响乐团。
#银行行长 #我也喜欢音乐

瓦格纳 这首曲子有什么了不起的?说实话,我不喜欢。
#不是嫉妒 #谢绝自夸 #斗鸡

♫ 推荐曲目

01.《婚礼进行曲》
02.《第一交响曲》
03.《芬格尔山洞序曲》
04.《春之歌》
05.《E小调小提琴协奏曲》

128　伟大的旋律　18位传奇古典音乐家趣谈

看着让人不由心生嫉妒

浪漫时代早期作曲家费利克斯·门德尔松于1809年2月3日，出身于德国汉堡的一个和睦的犹太人家庭，家里有二男二女，他排行老二。门德尔松出身于一个非常富裕的家庭，都已经不能说"他是含着金汤匙出生的"了，要说"他是含着钻石汤匙出生的"。他的父亲亚伯拉罕·门德尔松是银行行长，母亲利亚·所罗门据说是大家族的女儿，还是业余音乐家和精通多国语言的文学家。也许是得益于殷实的家境，门德尔松的兄弟姐妹都非常优秀。

门德尔松的童年过得非常顺遂。拜身为业余音乐家的母亲所赐，他从小就在音乐环境中耳濡目染，很小就跟着母亲学习音乐。就从这一点来看，他和那些家族里有一两位音乐家的其他作曲家相比也没什么太大差别。但是我们的主人公门德尔松正如前面所说，出身于非常富裕的家庭，我给大家讲几个能证明门德尔松家族财力的荒诞故事。

如果你上过钢琴兴趣班，应该参加过名为"××学院演奏会"的自选音乐会，或者小报社举办的比赛吧，这是一个小时候即便没有什么大才能，也能体验舞台乐趣的机会。但是巨富的门德尔松家族，在9岁的门德尔松刚显露演奏天赋时，父亲就自掏腰包为他举办过个人独奏会[1]。无数名人在演奏会上露面，对小门德尔松的演奏给予称赞。

我再讲一个故事。大家小时候从父母那里收到的礼物中印象最深刻的是什么？因为是给小朋友的礼物，所以大多是娃娃或玩具之类的。门德尔松家境殷实，所以他也从父母那里收到过许多礼物，各种物质上的礼物暂且不提，其中有一件让我感到特别震惊，那就是一支管弦乐团。年幼的儿子刚对作曲流露出兴趣，父亲就立刻说道："我儿子要写曲子啊，那得给他买一支交响乐团。"然后真的就送了一支交响乐团给他。居然给一个孩子买交响乐团！第一次听到这个故事的时候，我记得还因为觉得太玄幻而笑出了声。

在家人的鼎力支持下，童年时期的门德尔松就开始写各

---

1 其实门德尔松家里经常举办家庭演奏会，各自弹奏钢琴或发表自己作的新曲。

种各样的曲子，到 14 岁时已经写出了 12 首弦乐管弦乐团作品，15 岁之前就创作了 4 部歌剧。想一想我在那个年纪做了什么呢？不过，因为我们没有个人管弦乐团，所以童年稍微平凡一点儿也是可以理解的吧？虽然他很小就开始积极地参与作曲活动了，但是至今仍有许多人对他的名字感到陌生，那我先给大家介绍一个他的作品吧，即便你不知道门德尔松，但这首曲子你一定听过。

推荐曲目01：《婚礼进行曲》

主要是在婚礼上新郎和新娘退场的时候演奏的曲子。原本是为莎士比亚的戏剧《仲夏夜之梦》创作的作品，英国公主维多利亚·阿德莱德·玛丽·路易斯把这首音乐和瓦格纳的《婚礼合唱》选作自己的婚礼音乐后，才开始在世界范围用作婚礼音乐。新郎和新娘入场时主要用的是瓦格纳的《婚礼合唱》，退场时用的就是门德尔松的《婚礼进行曲》。

这首曲子被称作《婚礼进行曲》或《祝婚进行曲》，但其实这并不是为婚礼所作的曲子，而是为莎士比亚的戏剧《仲夏夜之梦》创作的，原本是用在戏剧中的舞台音乐。门德尔松的《仲夏夜之梦》总共由 12 首曲子组成，其中第 4 幕出来的曲子就是我们所熟知的《婚礼进行曲》。门德尔松看了莎士比亚的作品后有所感触，于 17 岁时写下了序曲，但是直到 17 年后，也就是 1842 年，才在普鲁士国王腓特烈·威廉四世的委托下为整部作品配乐，经过修正和添加，最终共发表了12首作品，这就是门德尔松的《仲夏夜之梦》。

复兴旧作的巴赫

如今要保存音乐作品非常简单，可以将曲子录下来或以乐谱的形式保存下来，但是过去却做不到。时间越久远，就越难以完好无缺地保存无形物。例如画作，只要好好收藏，就能保存下来，但音乐属于时间艺术，很多时候现场演奏结束后，这部作品也就到此为止了，因为那是一个没有录音机的时代。那么大家可能会产生这样的疑惑：即便如此，不是还有乐谱可以留下吗，为什么不能继续演奏呢？

现在我们可以看到以前的作曲家们留下的乐谱，并自由地进行演奏，但是在过去，至少在巴洛克时代是不会在舞台上演奏其他作曲家的曲子的，直到古典时代后期，人们才开始演奏其他人的曲子，所以巴洛克时代的作曲家如果当时没有出名，他们的乐谱大多会被遗失，曲子也就无法留存下来。

也许有人会感到奇怪，为什么不讲浪漫时代的门德尔松的故事，却突然提起巴洛克时代了呢？大家还记得前文讲述巴赫的时候，曾短暂提及门德尔松的故事吗？其实，如果说巴赫是因为门德尔松才得以出名的也不为过。巴赫在巴洛克时代并不是非常著名的作曲家，所以但凡有一点儿差池，他的曲子就被损毁，无法保存到现在了。现在非常著名的巴赫代表作《马太受难曲》，在当时也不出名，这首曲子差点儿没能重见天日，是门德尔松偶然间找到了巴赫的曲子后进行演奏，并将其重新以乐谱的形式记录下来，才给了巴赫重放光芒的机会。

在门德尔松让巴赫重见天日的故事里，还有一个著名的插曲。传说门德尔松和佣人去肉店买肉，结果包肉的纸就是巴赫的《马太受难曲》曲谱，于是门德尔松将其演奏了出来，这个故事在音乐界广泛流传，所以至今还有很多人相信这是真的。其实，所谓的用乐谱包肉的事根本就是子虚乌有的，是门德尔松的祖母，将巴赫的乐谱送给喜爱音乐的小孙子作为礼物，这也成了一个契机，从此门德尔松就迷上了巴赫的音乐，门德尔松20岁那年演奏《马太受难曲》后，巴赫才被世人所熟知。

其实，文化艺术界也和这差不多，经常有功成名就的艺术家，就像找出泥土里的钻石一样，在历史的泥流中挖掘出被掩埋的人才。例如，改变了"K-POP版图"的防弹少年团（BTS）的队长RM，在美术馆提到了自己感兴趣的画家后，就开始有无数粉丝跟风前往美术馆，重新审视那位画家的作品。总而言之，我们之所以知道巴赫，能听到巴赫的音乐，门德尔松可以说功不可没。

门德尔松还不错，旅行的时候依然在作曲

门德尔松除了小时候练习作曲，他正式发表的交响曲总共5部，其中《第一交响曲》是门德尔松15岁时所作的，你可能会惊叹，"哇！居然15岁就写出了交响曲！"不过这还不算完。

按现在的孩子来说，15岁只是一个中学生，但门德尔松就已经创作了一部交响曲，这部交响曲不仅发表了，还在英国取得了巨大的成功，这是不是就已经预示了他的非比寻常呢？

推荐曲目02：《第一交响曲》

这是在1824年，门德尔松15岁时所作的交响曲。1829年，门德尔松担任指挥，这部交响曲在伦敦进行了首演，公演之后这部作品就被献给了伦敦爱乐协会。门德尔松也凭借这次公演，在英国受到了热情的款待。《第一交响曲》的第1乐章是奏鸣曲形式的，营造了华丽且充满活力的氛围，管乐器和弦乐器的旋律也让人印象深刻。

如果发表了5部交响曲，通常第一次作的曲子会标记为1号，最后作的曲子标记为5号，但门德尔松的交响曲作曲顺

序和出版顺序不同，他的作品出版顺序是 1→2→3→4→5 没错，但是作曲顺序却是 1→5→4→2→3。

　　门德尔松的《第一交响曲》没有其他标题，但是从第二部开始，每部作品都有另外的名称，我们一起看看他创作的交响曲吧？

　　《颂赞歌》（第二交响曲）以《诗篇》的第 150 篇为原型创作而成。

　　《苏格兰交响曲》（第三交响曲）是门德尔松在苏格兰旅行中有感而发，创作而成的。第 2 乐章的主旋律是以苏格兰民歌为基础创作的。

　　《意大利交响曲》（第四交响曲）是门德尔松在意大利旅行时，获得灵感创作而成的。

　　《宗教改革交响曲》（第五交响曲）是门德尔松为纪念宗教改革 300 周年而创作的交响曲。他对这首曲子不是特别满意，所以在他活着的时候这首曲子并没有发表。

　　因为家庭富裕，门德尔松自小就经常旅行，他的旅行不仅是去一个新地方，还肩负着收集那个国家独有的民谣或乐曲的任务，可能正因如此，他的交响曲中就有两部是以国家名命名的。不仅是交响曲，他创作的很多作品的灵感都来源于旅途，接下来要给大家推荐的《芬格尔山洞序曲》就是其中之一。

推荐曲目03：《芬格尔山洞序曲》

芬格尔山洞位于苏格兰赫布里底群岛的斯塔法岛，而芬格尔是苏格兰传说中英雄的名字。1829年，门德尔松在苏格兰旅行途中，看到山洞的规模和美丽，大为震惊，于是创作了这首《芬格尔山洞序曲》。

连爱情也很完美的社交之王

门德尔松

门德尔松的妻子塞西尔

说到这里，大家是不是很好奇门德尔松的恋爱史和婚姻史呢？他的爱情是否也如富裕、幸福的童年一样完美呢？前面介绍的作曲家，大多要么被单相思所伤，要么陷入不伦恋情或出轨之中，不过，门德尔松不同，他就连爱情也非常完美，真正向我们诠释了，何为完美男人的"天花板"。

他娶了当时以美貌闻名的美女画家，婚姻生活也平静无波、一帆风顺，共生下5个孩子，家里没有什么大矛盾，夫妻生活和睦。后来子女们也大有作为，大儿子成了历史学家，小儿子成了化学家，光耀门楣。怎么可以这么完美呢？真是让人羡慕。

既然如此，那就再告诉大家一个让人艳羡的事实：门德尔松连长相也相当不错。查看有关他的各种记录，其中经常出现"帅气美男""长相帅气"等描述。不知道是不是不同时代对美的感受不同，我个人觉得他好像也没那么……无论怎么说，那个时代的人对门德尔松的外貌赞不绝口，像这样家境、能力甚至连外貌全兼备的男子，完全就像一个"假象"，太不真实了。

此外，提到门德尔松，总是会附上"社交之王"的注解。他的父亲是银行行长，所以他借助父母的人脉网接触到很多名人，也有很多人想在门德尔松面前好好表现一番，希望能得到他的照顾。门德尔松就像电视剧里的小少爷一样，从小就在诸多人士的友善和夸赞下长大。他和德国代表诗人、思想家歌德的友情尽人皆知，性格刻薄的歌德以不轻易向他人敞开心扉而闻名，但他却经常和门德尔松谈笑风生，甚至四处称赞他是真正的天才，和门德尔松保持着亲密的关系。不仅如此，门德尔松还和肖邦、柏辽兹、李斯特、舒曼夫妇等音乐界的诸多名人交好。

完美男人的致命缺点

一切都完美得如同电视剧中的"霸道总裁"的门德尔松，也很"幸运"地拥有一个缺点，那就是他的火爆脾气。他是一个非常固执的人，有记录显示，他自小发火就没有任何人能劝住。大家可能会怀疑，如此受欢迎的社交界王子，怎么可能性格不好呢？其实，我们经常能看到他择人而交的记录，也有很多人是在假装和门德尔松交好，例如明目张胆讨厌门德尔松的作曲家理查德·瓦格纳。

门德尔松与瓦格纳的争执是学者们热议的话题。有人说瓦格纳嫉妒门德尔松，还特别讨厌门德尔松，但却有很多记录显示，门德尔松对瓦格纳毫不在意。其实，瓦格纳曾经直接批评过门德尔松，"只会写太过欢快的音乐"。不过也不是说作曲家就必须交替创作阴暗和欢快的曲子，可能是因为瓦格纳和很多人吵过架（其中最具代表性的冤家对头就是勃拉姆斯），所以大多数人都站在门德尔松这边。

门德尔松于 1843 年创立了莱比锡音乐学院[2]，并担任教授。莱比锡音乐学院培养了大量人才，非常具有影响力，甚至受门德尔松邀请，舒曼也被聘来当教授。不过，据说这个用来培养音乐人才的地方，曾经在授课过程中对学生进行人格侮辱。虽然关于门德尔松的人品略有争论，但他确实也是一个能够做出给家境贫寒的艺术学徒免除学费等善举的人。

用门德尔松的曲子开始学习作曲

我和门德尔松也有着深厚的渊源。在报考作曲专业的时候，我曾经背诵过门德尔松的《无词歌》。《无词歌》总共收录了 48 首曲子，是一部钢琴组曲。因为曲子难度不高，所以如果你不喜欢新世纪音乐，又没有信心演奏多乐章的奏鸣曲，那么比较适合挑战一下这部钢琴组曲。不过如果你要问我为什么突然背这个，那是因为《无词歌》的曲子大多主旋律优美，而且发展方向和脉络清晰，所以易于拆解和分析结构，学习如何确立主题，如何让曲子发展下去。有人甚至将《无词歌》称作"作曲教科书"，经验不足的作曲专业考生研究《无词歌》，能仿写出比较圆滑、优美的旋律来。

2　现在通用的正式名称是"莱比锡费利克斯·门德尔松·巴托尔迪音乐与戏剧学院"，改成了有门德尔松名字的校名。

《无词歌》分别以 Op.19、Op.30、Op.38、Op.53、Op.62、Op.67、Op.85、Op.102 八卷出版，各卷都包含 6 首曲子。让我们来听一听《无词歌》中最著名的歌曲——《春之歌》吧？

推荐曲目04：《春之歌》

《无词歌》顾名思义，就是没有歌词的歌曲。《无词歌》很好地体现了门德尔松的观点：真正的音乐比语言要好几千倍，可以充实一个人的灵魂。门德尔松一生创作的200余首钢琴曲中，1/4都被收录在《无词歌》中。《无词歌》中的《春之歌》巧妙地使用了装饰音，很好地表现了春的气息。这首曲子原本为钢琴弹奏所作，不过现在也经常被长笛、小提琴等乐器作为独奏曲演奏。

早早结束了平坦而富裕的一生

富裕的家庭环境、天才的赞美声、美貌的妻子、可爱的子女、令人羡慕的人脉关系，甚至还创建了以自己名字命名的学校！越是往下细挖，越让人不禁感叹，"真的有这么幸运的人吗？"不过，门德尔松这让人艳羡不已的人生，最终也面临着令人惋惜的不幸结局。

门德尔松和姐姐范妮·门德尔松感情非常深厚，因为两

范妮·门德尔松

人都在音乐方面很有天赋，所以两人在很多方面都心意相通。不过范妮年纪轻轻就突然离开了人世，而门德尔松平时的身体也不算很好，在姐姐早亡的刺激下，健康状况更是急剧恶化，此后他度过了一段忧郁而孱弱的岁月。在姐姐逝世6个月后，也就是1847年11月4日，门德尔松最终死于脑中风，年仅38岁。众所周知，悲惨的天才、英年早逝的作曲家莫扎特是35岁去世的，门德尔松也如此年轻就离开了人世，看来世间果然没有什么是十全十美的。

我想知道，大家如何看待门德尔松的故事，只是羡慕吗？会不会泄气，觉得"含着钻石汤匙出生的人就是不一样，连起跑线都会超前，根本就无法比。"不过，就算含着钻石汤匙，不也会饱受病痛折磨，甚至英年早逝吗？就算知道了他因病早亡的结局，你还想过他这样的人生吗？

我在写这部分故事的时候，经常情不自禁地将"我所拥有的东西"和"门德尔松拥有的东西"进行比较。例如，我会想"我没有个人管弦乐团，而他有。"所以我没能成为大作曲家，是因为没有私人的管弦乐团。对于我这种荒唐的想法，自己都忍不住觉得好笑。

浪漫时代　141

生活在当下的我们经常不由自主地与他人比较,"别人的点心总是看着更大。"这种说法可不是凭空冒出来的。但是,如果因为与他人的比较而感到自己不幸,那只能说是你自找的。虽然我们不能像关闭开关一样,关上名为"比较"的按钮,但请至少在这一瞬间,屏蔽他人的眼光,想一想今天自己都有哪些幸福,如何?如果你没想出来,那我送你一份。

接下来,给大家介绍一首足以被评为"世界四大小提琴协奏曲"的旋律优美的曲子,希望大家在欣赏音乐的时候能感到幸福,同时,门德尔松的故事也将正式画上句号。

推荐曲目05:《E小调小提琴协奏曲》

这首曲子被认为是门德尔松的作品中最为杰出的作品,历经6年创作而成。这首曲子使用了很多颠覆性的技法,如曲子刚开始的时候,小提琴就出现、乐章与乐章之间不间断地连续演奏等。这首曲子也是至今被正式演奏次数最多的小提琴协奏曲。

08

写出了无数爱情歌曲,却没能真正得到爱情的歌曲之王

舒伯特

弗朗茨·彼得·舒伯特

我不矮小，也不是没有魅力。
（我也想收获爱情）

不是鲻鱼
是鳟鱼。

#鳟鱼 #矮小自卑情结 #贝多芬的答复

贝多芬 现在才看到你的邀请函，来我们家玩吧。
#生病 #舒伯特的歌曲很好听

李斯特 我可以给《魔王》编曲吗？
#魔王风姿 #想弹钢琴

♪ 推荐曲目

01.《魔王》
02.《鳟鱼》
03.《菩提树》
04.《未完成交响曲》
05.《音乐瞬间》

144　伟大的旋律　18位传奇古典音乐家趣谈

父亲和贫穷都无法承受的作曲家之梦

弗朗茨·彼得·舒伯特是古典时代向浪漫时代过渡时期的作曲家，1797 年 1 月 31 日出生于奥地利维也纳，他们家共有九男七女，舒伯特排行十三[1]，这是一个非常庞大的家族，但是他很小的时候就失去了十一位兄弟姐妹。当时欧洲的婴幼儿死亡率非常高，越是在贫困的家庭，早夭情况就越严重。舒伯特的家境也不富裕，父亲虽然是一所小学的校长，但收入也不多，无法养育这么一大群人，所以舒伯特的童年经常饿肚子。

---

1 关于舒伯特兄弟姐妹数量的记载，不同的书籍和论文表述不同，因为有的记录包含了刚出生或小小年纪就夭折的兄弟姐妹，有的则不包含。

虽然家境不富裕，但是舒伯特的家人在音乐上的造诣都非常深，所有人在音乐方面都有才艺，他的哥哥们会拉小提琴，舒伯特会拉中提琴，父亲会拉大提琴，所以家人聚在一起就能演奏出一部弦乐四重奏。如果你认为，舒伯特不会遭到家人的反对，顺利成为一名音乐家，那你就错了，其实舒伯特在很长一段时间都面临着家人的强烈反对。父亲是一名非常不错的大提琴演奏者，他甚至亲自教导子女们学习音乐，但当舒伯特说自己想当音乐人时，父亲却站出来强烈反对。父母希望舒伯特能当老师，其实那个时候教师也不是多么好的职业，但是身为校长的父亲，希望儿子能每个月都拿到稳定的工资。毕竟家境不好，与音乐这样不稳定的职业相比，父母当然希望儿子能有一份正式工作，即便工资少点儿也行。而且当时奥地利实行义务兵役制，当老师可以免去服役，所以站在父母的立场，当然觉得舒伯特早点儿当老师赚钱比较好。

最开始，舒伯特遂了父亲的心愿，当了老师，但是没过多久，他就感觉很不适应，于是决心辞职当作曲家。大家应该能想象出，父亲和儿子争论的场面有多激烈吧？最终舒伯特被赶出家门，独自走上了一条音乐家之路。虽然因为没钱只能寄宿在朋友家，但这也是为实现梦想迈出的第一步。

当时没什么钱的新人作曲家，经常寄宿在贵族家里，通过给贵族的子女上音乐课来赚取生活费，舒伯特也一样。辗转于朋友家的舒伯特，终于得以在一个伯爵的家里任职，解决了食宿问题。现在我们说起学习音乐或乐器，经常不由得联想到在富裕家庭出身，优雅地上音乐课之类的画面，但在舒伯特生活的时代，职业音乐人的生活和待遇大多很不好。古典音乐在很长一段时间内都是贵族们的教养文化，但大部分贵族都只将音乐作为兴趣培养，并不考虑当职业，就算很喜欢高雅地演奏或欣赏音乐，但大多也只是将音乐家看作供其娱乐的戏子。

赚不到钱、没有家，还要在贵族家里看人眼色生活……想到这些，无论是多喜欢做的事情，可能很多人都会放弃。但舒伯特在如此艰苦的环境下也没有丝毫动摇，他义无反顾地投入创作之中。皇天不负有心人，在长久的忍耐之下，他终于创作并发表了一首让他出名的曲子，这就是现在仍然颇受大众喜爱的《魔王》。

《魔王》创作于1815年，是根据歌德的诗作《魔王》创作的乐曲。因为乐曲中的钢琴伴奏非常华丽，所以经常入选"演奏难度高的乐曲集锦"。《魔王》融入了高难度演奏技巧，甚至有传言，钢琴家只在自己的演奏水平达到顶峰时，才敢在演出节目单上加入《魔王》。舒伯特本人也觉得钢琴部分太过复杂，弹奏难度高，所以对这首曲子修改了四次，现在大家能理解其弹奏难度之高了吧？

这首曲子出了名的难以演奏，所以享受舞台上的华丽演出的李斯特，看到这首《魔王》自然不会轻易放过。原本《魔王》是在钢琴伴奏下唱的歌曲，但李斯特实在太想弹奏这首曲子了，于是将其编写成能独自演奏的钢琴独奏曲。李斯特又在其中加入了很多华丽的技巧，就好像是为了证明自己那个"最好的钢琴家"的名声一样，所以将原本就很难的曲子改编得难度更高了。乍一看乐谱，其中有大量需要双手同时连续弹奏八度音程的段落，所以甚至有人表示，看这首曲子的乐谱，就好像看一幅画。我合理怀疑，这两位作曲家是不是都怀着"要让除了自己的任何人都弹不了"的居心写的这首曲子。让我们一起欣赏，这首光用耳朵听就能感受到其演奏技巧之繁复的《魔王》吧？

推荐曲目01：《魔王》

作品编号为1号，创作灵感来源于歌德的诗作《魔王》，是舒伯特的杰出作品之一。曲中怀抱着生病的儿子骑马飞驰的父亲、害怕的儿子、狡猾的魔王、叙述者——登场。这部作品的展开极富戏剧性，前奏用钢琴三连音符模拟了马蹄声。

是鳟鱼，还是鲻鱼？

在正式走进舒伯特的人生之前，我再给大家介绍一首比

《魔王》更著名的舒伯特的代表作。舒伯特的曲子现在仍然常被改编成口水歌，果然不负"歌曲之王"的称号，其中有很多首曲子听了之后会让人大吃一惊："原来这首歌的原作者居然是舒伯特？"其中最具代表性的作品就是《鳟鱼》。

可能有许多人会迷惑，不知道曲名是《鳟鱼》还是《鲻鱼》。在准备写舒伯特的故事时，我曾经问过父亲："这首曲子叫《鳟鱼》还是《鲻鱼》？"父亲毫不犹豫地回答道："难道不是《鲻鱼》吗？"我告诉他答案是《鳟鱼》，父亲非常疑惑，说他小时候明明学的是《鲻鱼》，母亲也如此说。我觉得有些奇怪，于是去找了一下相关的依据。最终查到，让大人们混淆的罪魁祸首就是电影 C'est Si Bon（译者注：中文译名为《如此美好》）。电影中尹亨洙和宋昌植组建了一个名叫"Twin Folio"的组合，将舒伯特的《鳟鱼》翻译成韩语并发表了出来，当时曲名就被翻译成了《鲻鱼》。所以，尽管鳟鱼和鲻鱼是两种完全不同的鱼，但现在还有很多人将这首曲子的名字误记作《鲻鱼》。

我们来平息一下这个争议吧。总而言之，《鳟鱼》是正确的。舒伯特生活的奥地利周边没有海洋，是内陆国家，不可能看到鲻鱼，所以他大概连鲻鱼长什么样子都不知道，曲子的标题当然只能是淡水鱼鳟鱼。说到鳟鱼，不太懂鱼的人可能会记不住淡水鱼到底是鳟鱼还是鲻鱼，这个时候就想一想尊敬的"尊"，这样想是不是比较容易记忆了？

浪漫时代　149

推荐曲目02：《鳟鱼》

以克里斯蒂安·舒巴特的诗为歌词创作的歌曲，描绘出了鳟鱼在水里自由自在游动的情形，讲述了渔夫想要抓捕鳟鱼的故事，用轻快、欢乐的旋律塑造了悠然自得游动的鳟鱼形象。这首曲子发表于1817年，2年后在矿主鲍姆加特内的委托下，将这首曲子用作了钢琴五重奏中第4乐章的变奏曲。

歌曲之王，多产作曲家之王

正如巴赫有"西方音乐之父"的美名，亨德尔有"音乐之母"的称号（虽然是错误的），舒伯特也有一个称号，那就是"歌曲之王"。通常我们给某人取称号的时候，会想一些与那个人最匹配的修饰语，但以"王"来称呼的情形并不常见。那么我们来看看，舒伯特到底是如何得到"歌曲之王"这个称号的吧？

歌曲之王——舒伯特

舒伯特有一些特别的经历，他曾经是儿童合唱团的成员，是不是感觉很可爱？他所在的合唱团是如今仍然世界闻名的"维也纳少年合唱团"。舒伯特是一个嗓音非常好听的少年，在变声期来临之前，他在合唱团唱了8年，所以在他的生命中，有很长一段时间都在唱歌。

我在学习作曲的时候，有一个感受是，钢琴弹得好的人写出好钢琴曲的概率更高，同理，熟悉声乐的人写出好的歌曲的概率自然也更高（当然这没有科学的统计数据，而是出于我个人的经验之谈）。也许是小时候的合唱团活动经验对舒伯特成为"歌曲之王"产生了很大影响，就像李斯特和拉赫玛尼诺夫、肖邦，因为是优秀的钢琴家，所以能写出华丽的钢琴曲一样。

舒伯特留下了1500余首音乐作品，其中歌曲就占了633首。话说到这里，大家也不得不同意，"歌曲之王"的称号给舒伯特实在是实至名归。在他创作的鼎盛期，据说一年能发表150余首曲子，其中有140余首歌曲，非常勤奋，除了"歌曲之王"，称他一声"多产作曲家之王"也不勉强。那么趁此机会，再给大家介绍一首他的歌曲代表作。

推荐曲目03：《菩提树》

声乐套曲《冬之旅》中的第5首曲子《菩提树》，是一首民歌风格的歌曲。前奏给人营造了一种菩提树摇晃的感觉，这首曲子和前4首曲子不同，用明快的大调，表达了菩提树下思乡的游子之情。形式简单，旋律优美，是《冬之旅》中最受人喜爱的曲子。

《冬之旅》总共由 24 首曲子组成，是一部声乐套曲。《菩提树》是其中的第 5 首曲子。前面 4 首曲子都是小调，所以给人沉闷的感觉，而第 5 首曲子《菩提树》是 E 大调曲，开始就非常明快，在整部套曲中起着转换氛围的作用。简单来说，套曲就是组合成套的乐曲，所以用 1 号、2 号、3 号……将这些曲子串在一起，组成连续的音乐故事。而将独立的歌曲收集起来，发表成一册（或者一个专辑），就叫作"歌曲集"。

贝多芬的"铁粉"，亲眼见到贝多芬！

舒伯特是音乐界有名的"自来熟"，他曾毫不掩饰地当面展示他的"狂热粉"天性，无论去哪个聚会，他都会对人说："我特别喜欢莫扎特，但最喜欢贝多芬！"他无论在哪里，都竭尽所能地大力夸赞自己喜欢的音乐家。其中他最喜欢的作曲家是贝多芬，他不仅公开表达过自己的喜爱之情，而且为了能亲眼见到贝多芬，还曾四处奔走找门路。

幸运的是，在贝多芬临终之前，舒伯特这个殷切的愿望终于传到了贝多芬的耳朵里，于是舒伯特戏剧性地得到了和偶像见面的机会，这件事在贝多芬的故事里也简短地介绍过。病情已经严重到不方便说话的贝多芬不仅听了舒伯特的曲子，还和他进行了交谈，说道："我应该早点儿见你的……"

并对他大加称赞。舒伯特在贝多芬的葬礼上哭泣的故事也流传甚广。虽然生前没能和偶像多交流，但贝多芬去世没多久，舒伯特也迎来了死亡，并和贝多芬葬在了同一块墓地，他们一起"躺"在那里，应该可以畅聊了吧？

舒伯特一直在研究尊敬的莫扎特和贝多芬的作品。一年要发表150余首曲子的大忙人，居然还有时间学习其他大师的作品，真是令人惊叹啊！看舒伯特的传记的时候，我不禁觉得，这个人与其说是作曲家，是不是更像一个"作曲迷"？他正式开始作曲的年龄是18岁左右，31岁时去世，也就是说，在不到15年的时间里，他写出了1500多首曲子。如果不是真的喜欢，即便是职业，也不可能留下这么多各式各样的曲子吧？

勤奋的舒伯特留下的未解之谜——《未完成交响曲》

很多人提到舒伯特，就会想到《未完成交响曲》。如果你是第一次听说《未完成交响曲》，可能会疑惑："他的曲子这么多，为什么一定要了解未完成的曲子呢？"其实，舒伯特的《未完成交响曲》非常值得一听，真的是一首非常优美、动听的曲子。

《未完成交响曲》并没有写完，这一点是未解之谜。一般来说，一首曲子如果以未完成的状态收尾，那大多是因为作曲家在作曲时突然去世，曲子没能写完就出版了。但是舒伯特的《未完成交响曲》却不是因为他的去世而导致没能画上完结竖线[2]，而是写着写着突然就毫无缘由地不写了。我记得看到这里的时候也曾有过这样的疑问："也许就是自己不想写了放弃了呗，后人是不是给它赋予了太多意义？"就好像我们上学时碰到的题目："这首诗中紫色花朵象征着什么？"问题的答案是"死亡"，但是后来作者本人却说："不是，我就是喜欢紫色所以才这么写的。"让所有人大吃一惊。

　　《未完成交响曲》是舒伯特作的第八部交响曲，只完成了第2乐章，第3乐章仅留下了钢琴版的概要，管弦乐团总谱也只写了9节，其实可以说基本没写。世界上有无数的作曲家和无数名曲，但至今仍有许多管弦乐团，将没有写完的《未完成交响曲》放到演出节目单中，第3乐章是未完成的状态，所以通常只演奏第1和第2乐章。如此反常的演奏也印证了《未完成交响曲》的魅力之大。

　　那么，曲子没有完成的原因到底是什么呢？学者们推测，最具可信度的原因是拍子问题。这首曲子的第1乐章是3/4

---

[2] 谱表上，垂直向下画的左细右粗的两条竖线，表示乐曲就此结束。

拍的，第2乐章是3/8拍的，第3乐章是3/4拍的，全都是由3拍构成的。像这样，所有的乐章都写成3拍，在当时并不常见，所以许多学者怀疑，舒伯特本人是不是也接受不了对交响曲基本形式的颠覆？虽然这是一种比较值得信服的主张，但我仍然更倾向认为，就是他本人不想继续写了。

这首曲子虽然没完成，但还是有许多人不断演奏它，与其纠结没完成的原因，不如直接让曲子来证明，我们一起欣赏一下吧。

推荐曲目04：《未完成交响曲》

奏鸣曲形式的交响曲，在舒伯特去世40余年后才得以首次演奏。开始是低沉的大提琴和低音提琴，第1乐章则以颤抖的小提琴和木管旋律来呈现。曲子越往后发展，演奏越有戏剧性，且越来越激烈。这首曲子也是汤姆·克鲁斯主演的电影《少数派报告》的配乐和动画片《蓝精灵》中坏人格格巫的主题音乐。

天才令人震惊的结局——因性病早亡

舒伯特有着"歌曲之王""多产作曲家之王"的称号，年纪轻轻就走向成功，但出名没多久又突然离世，震惊了世人。直到几十年前，关于他突然去世的原因，还只能找到"因

浪漫时代 155

并发症而病亡"的记录，但其实关于舒伯特之死，还有一些悲伤的民间传说。

根据目前的史料来看，大家想象中舒伯特的外貌如何？是不是感觉就是一位热情洋溢、勤勉而帅气的作曲家？看上去聪明而时髦的舒伯特，其实他因外貌而感觉压力很大。他是一个身高只有154cm的矮个子男人，就连同样以矮小而闻名的贝多芬，身高也超过了160cm，所以他的个子真的很矮。

舒伯特虽然作为一名作曲家非常出名，但同时也以外貌丑陋而闻名，甚至到了提起舒伯特，人们脑海中就自动浮现出"矮小的个子，丑陋的面容"的程度，所以尽管他很有名气，但还是遭到许多女人的嫌弃。从小就患有"女人恐惧症"的舒伯特，最终开始出入暗娼街，并染上了梅毒。第一次见到自己的偶像贝多芬时，他已经感染梅毒四年了。虽然得到了亲自给贝多芬扶灵的殊荣，但一年后，31岁的他就英年早逝。曾经轰动一时的天才，其结局是不是太悲惨，也太不值了？

一生充满热情，在一个领域留下1500多个成就，得到了大师和大众认可的舒伯特，虽然起点不高、家境贫寒，但他凭借自身的努力得到了高人气和好名声，他觉得幸福吗？还是因没能遇到真心爱人，孤独死去，而感到委屈和不幸呢？在我心里，只记住了他是一个非常勤奋、诚实、聪明的人。尽管他的死亡看上去有一丝悲凉，但我觉得，至少在他创作音乐给别人听的时候,他是幸福的。至此,舒伯特的故事也要画上句号了。

最后想给大家介绍的曲子,是在钢琴家赵成珍先生演奏后一度非常流行的曲子——《音乐瞬间》。

推荐曲目05:《音乐瞬间》

*Op.93*是一本共包含6首曲子的钢琴小品集,收录了舒伯特1823—1828年创作的作品,将钢琴固有的音色和特征用优秀的音乐随想表现出来。其中第3首曲子《音乐瞬间》非常有名,虽然是小调曲,但使用了独特的旋律,所以营造的氛围并不沉闷,反而非常欢快。

09
深爱着波兰的钢琴诗人
肖邦

弗雷德里克·弗朗西斯克·肖邦

> 我的革命始于五线谱纸。

> 请将我的心埋入祖国的土地。

#革命 #钢琴诗人 #小心心脏 #桑，我爱你

李斯特 朋友，全都是误会，我们见面说吧。
#对不起 #放任 #解除误会

乔治·桑 我们的关系似乎到此为止了。
#累了 #自由恋爱主义者 #再见，肖邦

♪ 推荐曲目

01. 《第一波罗乃兹舞曲》
02. 《第一叙事曲》
03. 《革命》
04. 《黑键》
05. 《雨滴前奏曲》
06. 《夜曲Op.9, No.2》
07. 《第四叙事曲》

提到初恋，脑海中最先想到的是什么？

　　想到初恋，我们会想到很多东西，不只是那个人，甚至还有当时听的音乐、和那个人在一起看到的风景、相爱瞬间的香气等。这个故事的主人公，就是对我来说如同初恋般的男人，是我很长一段时间都非常喜欢的作曲家。听他的音乐让我感到非常幸福，那些瞬间至今仍然历历在目，仍然还保留着美好的记忆。不过，如果有人问，"你现在最喜欢的作曲家还是肖邦吗？"我可能会回答，"不是，现在喜欢其他人了。"这算真正的初恋吗？

　　总而言之，本故事的主人公是弗雷德里克·弗朗西斯克·肖邦，经常荣登韩国人最喜欢的作曲家前几名，也许我的初恋也是很多人的初恋呢。

7岁的肖邦写出乐曲

肖邦

浪漫时代的作曲家肖邦于1810年3月1日出生于波兰,被称为"钢琴诗人""波兰的国民英雄"。波兰人特别喜欢肖邦,并以肖邦为荣,甚至将其首都的机场命名为"华沙弗朗西斯克·肖邦机场"。机场以作曲家的名字命名虽然不常见,肖邦还是和李斯特(布达佩斯李斯特·费伦茨国际机场)、若比姆(里约热内卢/加利昂安东尼奥·卡洛斯·若比姆国际机场)等一起,享受着名字荣登机场名的荣誉。让我们去看看,如此受波兰人喜欢的肖邦的童年时光吧。

俗话说,"种瓜得瓜,种豆得豆",音乐家的家里自然也有至少一位搞音乐的人,不过,肖邦却出身于一个没有任何音乐家的普通家庭。在这种环境下,能走上音乐之路是非常不容易的。不过,幸运的是,当家庭教师的父亲很早就发现了儿子的音乐天赋,因此,肖邦很小就接受了钢琴教育,7岁就开始作曲了。虽然到目前为止,已经讲述了很多早早就开始学习作曲的大师,但却没有介绍过他们童年时的曲子,其原因大概是他们小时候写的作品多是习作,并没有很好地留存下来,而且最初没有进行作品分类,所以很多作品没有编号。不过肖邦不同，他7岁时写的曲子就进行了编号，并以乐谱形式出版了，这也就意味着，他7岁时创作的曲子已经具有了成为作品的价值。

大家听过"波罗乃兹"这个词吗？直译就是"波兰传统舞曲"的意思。肖邦以这种传统舞蹈为主题创作了很多曲子，而且将这些曲子组合在一起出版了一本名为《波罗乃兹》的乐谱集。其中的1号作品就是肖邦7岁时所作的曲子，让我们一起听一下吧！

推荐曲目01：《第一波罗乃兹舞曲》

《波罗乃兹》是肖邦的代表钢琴曲集。第一首作品是他7岁时所作的，最后一首创作于他去世的3年前。《第一波罗乃兹舞曲》开始于充满力量的4节前奏，节奏感强，给人以壮观之感。最有名的波罗乃兹作品是编号为53号的《英雄》波罗乃兹舞曲，2015年赵成珍在肖邦国际钢琴比赛决赛中曾演奏本曲并获得冠军。

波兰出现了天才

肖邦小的时候，曾是法国人的父亲在贵族家里担任家庭教师，本是波兰贵族的母亲，家族衰落之后也在其他贵族家

浪漫时代　163

当女佣，在这种背景下，肖邦童年时就有了很多见到富裕贵族的机会。现在很多大人看到聪明伶俐的孩子会说："你会这个吗？那你试一试。"小时候的肖邦也一样，因为钢琴弹得好，所以经常在贵族面前演奏。不知道是运气太好，还是慧眼识才的人很多，在肖邦演奏之后，"波兰终于也出了神童！"的消息开始在贵族社会流传开来，因此，肖邦获得了在包括首都华沙在内的许多城市，通过钢琴给大家演奏自己作的曲子的机会。

当时演奏和作曲的事情被奥地利维也纳和德国把持着，声乐则被意大利牢牢把控，波兰并没有足以引领浪漫时代的音乐家，此时，肖邦如同彗星般横空出世。大家看到天赋非同小可的肖邦，波兰顿时轰动了。天才要想成为真正的天才，与生俱来的天赋虽然重要，但能识别人才的伯乐和支持其成长的环境也同样重要。独自发光实在太难了，例如，生前天赋没得到认可的画家李仲燮[1]。肖邦很幸运，遇到了好老师，并在大家的信任和称赞声中茁壮成长。

肖邦的代表老师是钢琴家沃伊西克·芮尼。肖邦和芮尼彼此欣赏、彼此爱护，肖邦成长到一定程度后，芮尼对他说："你太优秀了，所以别管其他人的眼光，就按你自己的风格发

---

[1] 韩国西洋画画家。他和朴寿根一起，被称为韩国近代西洋画界的"两棵大树"，通过"牛"这个形象表达出时代赋予自己的痛苦和对一生坎坷的愤懑。

展下去。"这是一位善于教导敏感的感性艺术家相信自己、一往无前的好老师！肖邦遇到了一位非常酷的老师，他曾谦逊地说道："跟着芮尼老师学习，任何人都会成为天才钢琴家。"毫不掩饰地表达了自己对老师的尊敬。师生的默契配合，让肖邦得以快速成长，在老师悉心的呵护下，肖邦成长为一个备受瞩目的演奏家，15岁就在俄国沙皇面前演奏了钢琴。15岁，我们还在上初中啊，肖邦就开始去音乐学院学习，进行海外巡演，在全欧洲寻访名师学习了。人一旦通过演出获得了收入，自然就很难再挤出时间研究学问了，但肖邦真是一个聪明能干的学生，学习音乐和演出活动，二者一个都没落下。

沃伊西克·芮尼

在革命中创作的《革命》

褪去稚气，成长为青年的肖邦遇到了国家大变故。原本波兰的历史就有点儿复杂，在短短的时间内发生了许多变化，波兰的首都华沙成为各大革命爆发地，被称为"民族运动的中心地"。如果要简单地对背景作一个说明，那就要追溯到

浪漫时代

肖邦出生之前了。

推荐曲目02：《第一叙事曲》

这是肖邦创作的4首叙事曲中最受欢迎的一首，被评价为将原本局限于声乐的叙事曲引入钢琴领域做出了突出贡献的作品。曾被用作电影《钢琴师》的背景音乐，非常受大众喜爱。

当时波兰的领土被周边的强国——俄国、普鲁士、奥地利三股势力依次瓜分，国家几近灭亡。随着时间流逝，拿破仑出场，经历多次战争后，虽然得以在过去的部分领土上建立华沙公国，但这也只是暂时的，很快重新在俄国的主导下成为半自主性的波兰会议王国。形式上虽然有了进步的宪法和自治权，但在俄国的干涉下，人们的自由逐渐被剥夺，国家危急，国民也一直感到不安，于是开始了一系列光复祖国的行动。肖邦成长为青年的时候，波兰又一次爆发了以找回波兰自由和国民权利为目的的大起义，被称作波兰的"十一月起义"。

身处革命之中的肖邦，当时正奔波于各个国家学习音乐，但爱国的肖邦听到革命爆发的消息后，立刻就给父亲去信说："父亲！我要结束留学生活，去参军。我实在太气愤了,无法忍受。"但肖邦的父亲是这样回复的:"你为祖国该做的不是扛起枪,而是以祖国的音乐家的身份青史留名。"肖邦听了父亲的建议后,终于下定决心,将满腔的愤怒之情倾注于五线谱上,此时所作的曲子就是那首著名的肖邦练习曲《革命》。

推荐曲目03:《革命》

1831年,肖邦在巴黎听到俄军攻占华沙的消息创作了《革命》,其中融入了肖邦激昂的情感。肖邦的练习曲完成度非常高,可作为钢琴教材使用。

宣布与挚友李斯特绝交

因为小小年纪就在音乐界崭露头角,所以肖邦有很多有名的朋友。代表性人物有极力称赞肖邦是天才的舒曼,和同龄人李斯特。特别是李斯特,两人的关系非常亲密,肖邦甚至将自己的 Etude Op.10 的12首曲子全都献给了李斯特,两人还曾去对方的演出助阵,甚至一起同台演出。

不过,再深厚的友情也可能是暂时的,两人之间很快就出现了裂痕。当时海外巡演非常多的肖邦，甚至将自己的工作室兼居住公寓的钥匙交给李斯特保管，这也成为所有事件的源头。难道是因为肖邦太信任李斯特了，还是李斯特觉得肖邦好欺负。李斯特辜负了朋友的信任，将肖邦的公寓当成了自己的偷情场所。李斯特和玛丽·达古[2]维持着事实婚姻关系的同时，又享受着与名叫玛丽·普莱耶尔的有夫之妇的地下情。肖邦原本就有非常严重的洁癖，而李斯特却将自己信任托付的家当作偷情场所，肖邦对此很失望。更严重的是，李斯特的出轨对象偏偏是肖邦长期以来的资助者卡米耶·普莱耶尔的妻子。知晓一切的肖邦火冒三丈，此后，两人的关系就开始急剧恶化。

而且在这个事件中，李斯特的爱人玛丽·达古为了拉回移情别恋的李斯特，甚至利用了肖邦。玛丽·达古对李斯特说："肖邦举办演出是为了抢走你的人气。"

原本就对肖邦感到伤心的李斯特，相信了爱人的挑拨之言，他甚至闯到肖邦的演出现场，将正在演奏的肖邦拉下舞台。与本应该受到关注的主人公肖邦相比，人们对做出这种奇怪举动的李斯特更感兴趣，于是，气愤的肖邦宣布：自己再也不想见到李斯特了。

---

2 玛丽·达古，给李斯特生下了三个孩子的女人，一直没和李斯特结婚，只维持着同居关系。

后来李斯特意识到了自己的错误，他对肖邦道了好几次歉，甚至还去找过肖邦的家人，拜托他们转达自己的歉意。但直到最后两人也没能和好，肖邦还没接受李斯特的道歉就英年早逝了。不知道是因为思念早逝的老友，还是歉意使然，李斯特在肖邦去世后写了一本书，记录肖邦的生平，书名叫《我的朋友肖邦》，而且他还在自己的演出上演奏肖邦的曲子，赞美先一步离开人世的朋友。在写两人的故事的时候，我想到了一则以前的校训："趁还在的时候好好珍惜吧。"

推荐曲目04：《黑键》

《肖邦练习曲Op.10，No.5》中有很多降半音，大多数的音都在钢琴的黑键上，所以大家习惯称这首曲子为《黑键》。演奏这首曲子时，右手必须持续不停地按宽度较窄的黑键，这是为练习右手弹奏的准确性。这首曲子在电影《不能说的秘密》的斗琴场景中出现过，也因此被大众知晓。但电影中演奏时提高了半音，以G大调来演奏，主要按的是白键。

肖邦爱过的时装界女王

肖邦可以说是将浪漫主义推向顶点的人物，他的音乐打动了许多人的心。那么，我们也应该了解一下，触动肖邦心

浪漫时代　169

弦的女人吧。其实肖邦曾经偷偷订过婚,但是未婚妻玛利亚·渥金斯基以肖邦频繁的海外活动和健康问题为由,和肖邦分手了,两人的婚约很快就撕毁了。

除了玛利亚·渥金斯基,肖邦还有一个非常爱的女人,不过,与"肖邦的爱人"这个标签相比,这个女人的法国女作家的身份更为有名,她就是小说家乔治·桑。她以经常身着奇装异服而闻名,当时社会上腰身凹陷的女装很受欢迎,但桑不同于常人,她经常穿着男装到处走,嘴里经常叼着一支雪茄,是一位非常独特的女人,而且还和许多男人传出过绯闻,也可以说是一个完全不介意世人眼光、积极开展恋爱的人物。

乔治·桑

在当时的社会风气下,女性外出活动或在社会上发声并不常见,但是桑却肆无忌惮地谈论有关女性人权的事情,反对结婚制度,呼吁自由恋爱。在肖邦眼中,这样子的女人应该非常新奇,他最初的反应是"这真的是女人吗?"所以对她有些避而远之,但很快他就被桑特有的精明干练、温柔和知性所折服,就此坠入爱河。

从目前所知的资料来看,作为不婚主义者的桑,其实是两个孩子的母亲。她憎恶婚姻制度,毅然决然地离开了丈夫,不知道是否因此，她在和肖邦的恋爱中也一直保持着非常潇洒的状态。因为两人都是名人，所以很多人对他们的恋情说长道短。面对相同的处境，两人的反应完全不同，肖邦对满天飞的每一则传闻都很在意，自感压力很大，但桑截然不同，一副完全不在意的样子。而且看她有关"自由恋爱主义"的表述，莫名让人有一种她想快点儿结束恋爱，或者恋爱中也很容易与其他人交往的偏见，但她完全打破了这种偏见，她和肖邦维持了9年的恋爱关系，彼此非常依恋、相互照顾。肖邦遇到桑的时候，身体已经因患肺结核非常虚弱了，后来更是病势沉重，甚至完全丧失了性功能。在这种情况下，桑也没有离开肖邦，并为他雇佣了最好的医护人员，和他一起去疗养等，一直守护在肖邦身边。

这样的人，让人怎能不爱呢？坠入爱河的男子，作了一首曲子送给爱人，让我们一起来听一下吧！

推荐曲目05：《雨滴前奏曲》

肖邦所作的24首前奏曲中的第15曲。据悉，这首曲子创作于一个凄风冷雨的夜晚，当时爱人桑还没回家，肖邦因为担心她而创作了这首曲子。不断重复的音让人很容易联想到雨滴滴落的声音，这首曲子是送给桑的。

浪漫时代　171

卷入家庭争吵，直至断绝来往

相爱了一辈子的两名人，最终也和普通人没什么区别，还是分手了。两人的分开并不是当事人的问题，而是出在桑与前夫所生的两个孩子身上。桑有一个儿子和一个女儿，但是却特别偏爱儿子，所以儿子也非常依赖桑。肖邦和桑一开始谈恋爱，儿子就觉得妈妈的爱被肖邦抢走了，于是经常折腾生病的肖邦，而每当这个时候，桑都不会站在肖邦那边，而是选择站在儿子这边，于是原本牢固的关系开始出现了裂痕。

与儿子相反，在折磨中长大的桑的女儿与肖邦的关系非常好。直到有一天，女儿带回一个男人介绍给家人，并宣布自己要结婚，但准新郎却是社交圈里风评非常不好的男人。了解到这一点后，肖邦站出来反对桑的女儿与这个男人结婚，但桑却和肖邦划清界限，说道："这是我家的事情。"并且让女儿结婚了，甚至婚礼也没通知肖邦参加。后来桑的女儿结婚的消息传到肖邦的耳朵里，肖邦不仅没生气，反而给了桑的女儿一笔巨额礼金，同时还附上一封信，信上写着："我非常疼惜你，希望你以后生活幸福。"由此可见，肖邦有多疼爱桑的女儿。这么看来，桑的女儿每次和妈妈产生矛盾就向肖邦寻求帮助也是必然的吧？

桑的女婿果然证实了肖邦的猜测，结婚后突然变成"暴力男",他不仅打妻子,还向桑讨要钱财,最终忍无可忍的桑,将女儿和女婿从家里赶了出去。正处于怀孕初期的女儿像往常一样,请求肖邦给自己主持公道,当时肖邦正在国外,并不了解矛盾的始末,以为只是母女的日常争吵,他给桑写信,让她对女儿宽容一点儿。读到这封信,生气的桑单方面向肖邦提出分手,因为这件事,两人的关系就彻底结束了。

推荐曲目06:《夜曲Op.9,No.2》

夜曲也叫"夜想曲",指主要表现夜晚宁静氛围的抒情钢琴曲。肖邦的21首夜曲中《夜曲Op.9,No.2》最为著名,在需要高雅音乐的地方使用较多。

两人分手的原因是多方面的,如子女引发的矛盾、肖邦因顽疾丧失自信后变得尖锐的性格、长期的看护照料等。虽然两人遗憾收场,但肖邦至死都思念着他最后的爱人。

请将我的心埋入祖国的土地

是不是天才的结局必然是不平静的?1840年,30岁的肖邦患上了肺结核,年纪轻轻就患上重疾,后来甚至虚弱到没有周围人的帮助就无法行动的程度,最终于1849年10月

浪漫时代

17日，在极度的痛苦中结束了生命，年仅39岁。

　　肖邦的尸体被埋葬在了他当时生活的法国巴黎，但是他的心脏却被存放在了波兰的圣十字教堂的纪念碑下。非常热爱祖国波兰的肖邦，其坟墓里被撒了一把他亲自从波兰带来的泥土。临终前，肖邦请求一定要在自己的葬礼上放莫扎特的《安魂曲》，然后念叨着"母亲，我的母亲……"闭上了眼睛。许多学者说肖邦遗言里的母亲其实是指他爱了一辈子的祖国——波兰，由此可见肖邦是一位多么爱国的作曲家。可能正因如此，现在的波兰人仍将肖邦评选为最喜欢的音乐家，他的名字被放到首都机场的名字里也是相同的原因。

　　几年前"肖邦的心脏"突然出现在了搜索词的前几位。其实肖邦去世的时候，家人曾对他的死亡有些疑惑，甚至还请求过尸检。当时有医生认为，也许死因不是肺结核，不过最终也没能查清楚死因。此后，几位医学专家为了解开人们心中的疑团，曾经想重新研究肖邦的心脏，但被教堂以可能损坏心脏为由强烈反对，直到2014年，才展示了保管心脏的容器，不过此时还是不让打开容器，只允许进行观察和分析。2017年，经过几年的研究，某学术杂志上刊登了肖邦准确的死因——心包炎，也就是心脏病，就像其家人所怀疑的那样，并不是肺结核。但是直到20世纪50年代，心包炎的治疗方法才研究出来，所以即便那个时候知道了准确的病因，肖邦也无法被治愈。最后在搞清楚诸多疑点后，肖邦的心脏才被重新归还给教堂。

写肖邦的人生时，我想到了非常多的人和瞬间。虽然过着旁人梦想的华丽人生，却最终早早抛下一切离开人世的天才肖邦，我很好奇他内心深处最大的遗憾究竟是什么。

在本文开头我就说过，肖邦是我的"初恋"。不过，与其回味初恋依稀留存的些许味道，我更希望你当下的爱情幸福。怀着这份祝愿，给大家介绍一首肖邦作的曲子——《第四叙事曲》。

推荐曲目07：《第四叙事曲》

肖邦顶峰时期的作品，可以说是肖邦的叙事曲中最难演奏的曲子，特别是后半部的结尾与前面的优雅感觉形成鲜明的对比，给人一种有什么东西破碎了的感觉。结构特殊，就好像混合了奏鸣曲、变奏曲和回旋曲的形式一样。

10

最好的钢琴家仍然是他,浪漫时代的花美男

李斯特

弗朗茨·李斯特

> 至今我还是最好的钢琴家。

> 我不是大手。

#交响诗 #最好的钢琴家 #不是大手

车尔尼 车尔尼不是教材名,而是我的名字。
#李斯特,过来写作业

玛丽·达古 我为你放弃了那么多……
#想要一个顾家的丈夫 #爱情就像玩火

卡洛琳 别再演奏了,你选我还是选粉丝?
#通过祈祷调整心态 #禁止李斯特的粉丝加我好友

🎵 推荐曲目

01.《钟》
02.《马捷帕》
03.《鬼火》
04.《塔兰泰拉》
05.《前奏曲》
06.《爱吧》
07.《匈牙利狂想曲》

遇到最好的老师

这次我们要见的这位大师，是创作了任何喜欢弹钢琴的人都想挑战一次的极难演奏乐曲的作曲家。可以说，因为他，"最好的钢琴家"这个称号到今天还没能换人。接下来将给大家介绍的这位大师，据说是"把灵魂卖给魔鬼换来才能"的人，他就是弗朗茨·李斯特！

李斯特于1811年，出生于奥地利东部布尔根兰州的雷汀。雷汀虽然现在属于奥地利，但李斯特出生时却属于匈牙利，所以李斯特可以说是在匈牙利出生的奥地利作曲家。李斯特和我之前介绍的其他作曲家没有什么太大区别，他从小就开始学习弹钢琴，其父亲对音乐很感兴趣，看小儿子听了钢琴曲后立刻就能哼唱，他觉得儿子一定非同凡响，于是开始积极让儿子学习音乐。得益于此，李斯特9岁时就在地方贵族们聚集的公开演奏会上展示自己的才华，并被认定为"神童"。因为这场演奏会，李斯特得到了6年的奖学金，而他的家人们为了让李斯特能够更专心地音乐学习，居然举家搬到了维也纳。

小李斯特运气也很好，他见到了著名的作曲家，并拜为老师，这就是只上过短时间钢琴兴趣班的人也很熟悉的车尔尼。是不是还有人第一次听说"车尔尼"是人名呢？我记得我准备高考的时候也发出过"车尔尼居然是人？"的疑问，当时还很震惊。此外，经常作为莫扎特的"冤家对头"被提及的安东尼奥·萨列里也是李斯特的作曲老师。从小就能在这么了不起的老师身边学习成长，看来这个孩子确实不同凡响。

推荐曲目01：《钟》

正如曲名所示，这首曲子的钢琴高音区模拟出了钟声。如果要演奏这首曲子，右手必须快速"跳跃"。这首曲子中融入了很多华丽的技巧，经常被想炫耀自己实力的钢琴家列入演奏曲目单，是《帕格尼尼主题大练习曲》收录的六首曲子中的第三首。

我其实不是"大手"

李斯特

提到李斯特，总会想起他手特别大的故事，甚至有人给他取绰号叫"蜘蛛手"。那是因为李斯特一只手完全张开的时候，可以同时触到 do 键和高一个八度的 mi 键，也就是说，可以张开到 10 度音程。对键盘和音程不熟悉的人可能不清楚这种程度的手是大还是小，通常一般成年男性的手完全张开，大多可以轻松触碰到 do 键到高一个八度的 ri 键，手稍微大一些的人能触碰到高一个八度的 mi 或 fa 键，所以李斯特的手虽说有些大，但并没有太超越成年男性手的平均大小。

反而是因肖邦国际钢琴比赛而出名的钢琴家赵成珍先生，才是真正有名的手大。赵成珍先生的手指张开时，能很轻松地从 do 键碰触到高一个八度的 fa 键（11 度），用力张开甚至能触碰到 sol 键[1]。但是为什么李斯特会被贴上"大手"的标签呢？那都是因为李斯特的钢琴曲。李斯特的钢琴曲以华丽和技巧繁多而著名，他的代表作之一是因太难演奏而有着"晕厥技巧"之称的《超级技巧练习曲》，该曲音速算是第二

---

[1] 据说可以张开到23.5cm。

浪漫时代

快的，而且需要连续弹奏八度音程的区间很多，是钢琴专业人士也非常害怕演奏的作品集。因为有这么多难演奏的作品，所以他也就自然而然地给人手大的形象了。

虽说并不是手大就一定能弹好钢琴，但李斯特的曲子不仅有八度音程，而且很多地方需要以非常快的速度来回移动手指，所以无论怎么说，如果手小，演奏时自然会更受身体条件所限，不容易发挥。话已至此，作为一个手小于平均大小的人，我要介绍一首我非常喜欢的曲子，这是手小的人连想都不敢想的李斯特的代表曲。

推荐曲目02：《马捷帕》

李斯特的《超级技巧练习曲》中的第四首曲子，"马捷帕"是乌克兰英雄领袖的名字。想要准确地演奏出激烈而英勇的感觉，演奏者需要有超高的技巧，否则稍有不慎，就容易弹奏得嘈杂且无序。

《马捷帕》在《超级技巧练习曲》中也算是弹奏难度很高的，因为太难弹，曲子刚发表时，比赛几分钟内弹完这首曲子，甚至成了钢琴家之间非常流行做的事情。现在音乐专业的学生们也经常会拿弹奏这首曲子打赌，看谁弹奏得更快！通常，钢琴弹得好的人演奏需要大约8分钟，著名的钢琴演奏家一般需要5~7分钟。虽然李斯特创作《超级技巧练习曲》的目的是练习弹奏技巧，但是真的弹奏后才发现，与其说是练习曲，倒让人感觉更像是"除了我，你们都弹不出来"式的炫耀。

《超级技巧练习曲》总共有12首曲子，整部作品集献给了老师车尔尼。让我们再来听一首以演奏难度最大而闻名的曲子吧。

推荐曲目03：《鬼火》

《超级技巧练习曲》中的第五首曲子，被评价为《超级技巧练习曲》中弹奏难度最高的曲子。颤音（反复让音或和声快速而有规律地抖动的演奏方法）和半音阶横跨整首曲子，可以测试你的连奏能力。

偶像走开！最早的粉丝俱乐部"李斯特狂"

李斯特和肖邦是同龄人，所以两人经常被拿来作比较。不过，两人看着相似，实则不同。音乐评论家们在写肖邦生平的时候，会将文章的焦点放在他作的曲子上，而提到李斯特的时候则会更关注他的演奏能力。换句话说，肖邦的作曲家形象更深刻，而李斯特钢琴家的形象更深入人心。也就是说，虽然李斯特也写了很多华丽的曲子，但是他更是一位能将自己写的曲子完美演奏出来的优秀钢琴家。所以李斯特的演出总是有相当多的人是为了看他演奏而来的。将所有古典音乐作曲家都算在内，女粉丝最多的人就是李斯特，而且他还以非常繁复且高难度的弹奏技巧而闻名。那么，让我们来想象一下吧。

李斯特戴着白色手套走上舞台，坐到钢琴前，缓了口气，然后摘下手套，扔向观众席。观众为了抢掉落的手套，使观众席瞬间变成了"修罗场"。李斯特看了一会儿这种疯狂的场面，然后突然演奏起来，随着音符的出现，他再次控制住了混乱的场面。

享受演出的李斯特

这就是李斯特演出中很常见的场面。而且，虽然不知道李斯特是不是故意的，他的钢琴曲大多音很多，而且节奏快，所以很多地方都需要手指非常快地"跳跃"，据说经常有女粉丝因为盯着他的手指而导致晕厥，最终被抬出会场。

可能是因为这种超凡的人气，历史上关于他的外貌的记载特别多。李斯特与其他身材矮小的作曲家不同，他是一位身高185cm的高挑美男子，同时代的肖邦的身高为170cm，此前时代的贝多芬身高为162cm，舒伯特的身高才154cm，李斯特无论是身高还是外貌都很出众，甚至连台风也很好，所以他的女粉丝从世界各地涌来观看他的演出，也是必然的。

许多音乐评论家说偶像粉丝团始于李斯特，在他活跃的时代，整个欧洲都有他的粉丝团，演出门票经常售罄，甚至有很多女粉丝为了远远看他一眼，在他的住处前排队等候，是不是和现在的粉丝文化很像？总而言之，无论是过去还是现在，李斯特都有着非常坚实的粉丝团队，那些喜欢他的粉丝被称作"李斯特狂"（译者注：英文名为Lisztomania）。

推荐曲目04：《塔兰泰拉》

"塔兰泰拉"是意大利语舞曲的意思，音乐一般为3拍或6拍，其特征是节奏非常快。李斯特的《塔兰泰拉》非常急促、曲风轻快、序曲华丽，所以也多作为学生参加钢琴比赛的曲子。将其与肖邦所作的《塔兰泰拉》比较着听，感觉非常不错。

浪漫时代 185

听交响曲太枯燥，就听李斯特的"交响诗"

很多音乐家，特别是作曲家，除了要聆听和理解曲子，还必须详细了解各种乐器的特征，这样才能自然地进行搭配，进而发挥想象力创造出新作品。所以，他们很多都是音乐方面的全才。李斯特作为钢琴演奏家取得了巨大成功，所以到现在我们主要介绍的是他作为演奏家的魅力，但其实，他也是拥有许多成就的作曲家。

其中，李斯特作为作曲家留下的成就之一，就是开创了"交响诗"这种题材。提到交响诗这个音乐术语，是不是会想到交响曲？像《命运交响曲》或《合唱交响曲》这样的交响曲就是其中之一。那么，听上去非常相似的交响诗又是什么呢？交响曲和交响诗都是由交响乐团，也就是管弦乐团演奏的，在这一点上二者相同，不过其中的形式有所差别。交响曲的英文单词是 Symphony，即管弦乐团曲，分为第 1 乐章、第 2 乐章、第 3 乐章、第 4 乐章……各乐章的快慢和氛围不尽相同，其特征就是演奏时间长，很多时候演奏完全部乐章要超过 40 分钟。而交响诗与之相反，交响诗是交响曲简化后的管弦乐曲。

李斯特虽然非常尊敬交响曲的代表性人物贝多芬，但交响曲已经定型，所以他觉得自己作曲的时候并不自由，于是将乐章的形式划分得更有诗意一些。他放弃了以快慢、构成等音乐上的标准来分乐章的既有形式，根据意义来划分乐章。简单来说，在交响诗中想要换乐章，需要切实的理由。所以很多交响诗只有一个乐章（单一乐章），如果有多个乐章，那就需要准确说明各乐章的意义，所以在很多情况下，除了曲子标题，每个乐章也会附上各自的标题。

一句话概括，交响诗就是为了更集中于曲子的感性美和意义，将原本有着清晰的形式美的交响曲，转变成如同诗一般的形式。发明交响诗的人就是李斯特，后来也有很多作曲家采用交响诗的形式来作曲。当然，即便如此，传统的交响曲也并没有消失。那么，让我们来欣赏一下李斯特的交响诗代表作吧。

推荐曲目05：《前奏曲》

《前奏曲》是李斯特创作的13部交响诗中最著名的作品。这首曲子分为四部分来展现人生历程，第1部分表现爱，第2部分表现考验，第3部分表现休息，第4部分表现前进。曲子上的引言写道："我们的人生，只不过是演奏死亡这首庄严赞歌的一系列前奏而已。"

为什么总和有夫之妇交往？

李斯特初恋失败后，他穿梭于整个欧洲，进行演奏活动，除了浅交，他并不与任何女性深入交往。在安静度过一段没有热恋传闻的日子后，李斯特迎来了他的第二次深爱。相爱本就是如同奇迹一般不可预估，但李斯特的爱情里却因一个问题，让人无法送上祝福，那就是他爱上的两个女人都是有夫之妇。

玛丽·达古

他第一个看上的女性是社交圈里光彩夺目的玛丽·达古夫人。玛丽·达古比李斯特大7岁，是一个已经育有子女的伯爵夫人。但是陷入火热爱情之中的李斯特不管这些，他以压力过大为借口，突然中断演出活动，和玛丽·达古私奔到了瑞士。两人在没有结婚的情况下，在那里生下了三个孩子。当时的玛丽·达古还没和丈夫离婚，却已经生下了三个李斯特的孩子。第二个女儿就是后来成为瓦格纳妻子的柯西玛·李斯特。这一点在瓦格纳的故事中会详细讲述，最后柯西玛也抛弃了自己的丈夫和孩子，和年长的瓦格纳私奔成家……写到这里，我想到了一句话：父母是子女的一面镜子。

无论怎么说，都已经私奔了，如果能好好生活下去也不错，但两人的生活也不是一帆风顺的。在陌生的土地上生下三个孩子的玛丽·达古，希望李斯特能将精力放在家庭中，承担起好丈夫和好爸爸的角色，但李斯特却有着一个无法将心思倾注于一个地方的自由自在的灵魂。李斯特在与玛丽·达古秘密地维持着婚外事实婚姻的同时，还随意与其他女人见面，对家庭并不是很用心。失望的玛丽·达古最终提出断绝关系，抛下孩子们离开了李斯特。

卡洛琳·莎依·维特根斯坦

和玛丽·达古分手后的李斯特又一次陷入了宿命般的爱情里，这次是和卡洛琳·莎依·维特根斯坦公爵夫人。光看"公爵夫人"的名号就知道，卡洛琳也是有丈夫的有夫之妇。李斯特为什么总是爱上有夫之妇呢？虽然荒唐，不过还算幸运的是，卡洛琳和玛丽·达古不同，她和丈夫处于长期分居之中。两人第一次见面是在李斯特的俄国慈善演奏会上，卡洛琳在这场演出中援助了很多钱，李斯特亲自前去感谢高额援助者，于是两人见面了，并一见钟情。

玛丽·达古是一位有着光彩夺目的外表，且善于掌控社交圈的女性，而卡洛琳比李斯特小8岁，是一位性格沉稳且安静的女子。李斯特和卡洛琳还有一个共同点——两人都是虔诚的天主教徒，李斯特可以和卡洛琳一起深入探讨宗教和哲学等问题，他完全被卡洛琳的细腻和心思缜密迷住了。热恋中的卡洛琳不满李斯特的女粉丝紧跟着他，而且也不喜欢李斯特为了女粉丝一心专注于华丽的演出，所以她劝说李斯特放弃演奏，转向稳定的作曲家生活。正好李斯特也厌倦演出了，于是接受了她的提议，彻底结束了演奏生涯。这一年他才不到35岁，正奔跑在成功的康庄大道上，无数的音乐界人士挽留他，劝他别隐退，粉丝们也非常伤心，给李斯特寄去了很多劝阻的信件，但李斯特并没有推翻自己的隐退宣言，彻底离开了演出大厅。虽然如此年轻就结束了演奏生涯很可惜，不过，正如"请在鼓掌的时候离开"所说的那样，作为一名钢琴家，在到达顶峰的时候优雅地离开舞台，说不定也是更好的结局。

隐退后，李斯特和卡洛琳为了正式结婚开始努力。两人要结婚，卡洛琳首先必须处理好和前夫的关系，但是当时的天主教将离婚视为禁忌，虽然两人为了能结婚做出了许多努力，甚至还提起了婚姻无效诉讼，但最终在教会的反对下，两人的结婚愿望最终还是化为了泡影。一般在因为宗教而爱情受阻的故事里，接下来的发展就是抛弃宗教去私奔，但是，这两人却认可和接受了教廷的反对，并且用信仰克服了不能在一起的悲伤。比李斯特先下定决心的卡洛琳，最终在信仰的支持下生活着，独自度过了一生。

而就在此时，李斯特和玛丽·达古生的三个孩子中，20多岁的儿子丹尼尔和女儿布兰汀离开了人世。在子女去世和与爱人分手的双重打击下，李斯特突然进入修道院，成了一名神职人员，他剩下的时光都在修道院中写曲度过。

李斯特经历的两次爱情虽然称作"爱情"，但更明确地说，应该是不伦之恋。或许，因为这两段都是禁忌之恋，所以没能成功。话已至此，我要给大家介绍一首李斯特为深爱的卡洛琳作的曲，也是李斯特的作品中我最喜欢的曲子。

推荐曲目06：《爱吧》

《爱之梦》是李斯特根据自己创作的歌曲改编成的钢琴演奏用夜曲，总共3首，第一首是《崇高的爱》，第二首是《幸福的死》，第三首是《爱吧》。旋律甜美的第三首曲子最受人喜爱，在李斯特的曲子中属于弹奏难度相对较低的。

在修道院结束生命

前面还在讲述李斯特超高的人气和精彩的演奏生涯，现在突然变成神职人员，反差太大，也有一丝怪异，不过，李斯特最后的生命确实是以修道士的身份度过的。其实，李斯特对修道士并不陌生。李斯特在14岁的时候，曾经对华丽的演奏生活产生了深深的厌倦感，他想变得强壮、成熟，与用华丽的音乐和表演抓住听众的心的自我产生了碰撞。更为雪上加霜的是，16岁时，对他成为音乐人生影响最大的父亲去世了，于是他决定放弃音乐，去神学院学习。但没有能力肩负起生计的母亲哭哭啼啼地劝阻了儿子，所以他才重新下定决心，开始参与演奏活动，也因此，我们才能看到有"钢琴之王"之称的李斯特。

李斯特进入修道院的原因有很多，大部分音乐学者分析认为，是失去子女的失落感和无法与恋人结婚的挫折感，让他放下了对俗世的迷恋。进入修道院的李斯特在与世隔绝中创作出了许多宗教音乐。虽然李斯特过着远离世俗的生活，但是仰慕他的女性居然来修道院找他，李斯特没能抵挡住诱惑，曾中途外出约会过几次。不过，他最终还是忍住了女人的诱惑，成为一名名誉修士神父。李斯特在修道院过得很好，连小病都没得过，最终于75岁时离开人世。想一想同时代的艺术家们，大多从30岁开始就疾病缠身，不到40岁就英年早逝（浪漫时代的作曲家尤其去世得早），李斯特真算是很长寿的作曲家了。

在韩国，很多人将李斯特、肖邦、舒曼列为最喜欢的作曲家，甚至有"韩国人最喜欢的音乐思潮是浪漫时代"这样的说法。在这个故事即将结束之际,我不想问大家感觉李斯特的一生怎么样,我想问问,大家听了我介绍的曲子感受如何,不知道技巧华丽的钢琴旋律在各位的心中留下了什么样的印象呢?

李斯特站在华丽和技巧的顶端,最终却以清廉和淡泊的形象离开人世,他的一生都在浪漫时代的土地上耕耘!

光听"浪漫"二字,就让人觉得梦幻、感性。在那个全世界被浪漫笼罩的时代,不知道他是怀着什么样的心情写下曲子的呢?别的不清楚,李斯特在五线谱上谱写的无数浪漫,确实让很多人再次坠入爱河。

最后,我将以一首优美、动听的钢琴曲《匈牙利狂想曲》来结束本篇故事。

推荐曲目07:《匈牙利狂想曲》

"狂想曲"是指形式相对自由的乐曲,其民族性和叙事性色彩浓厚。《匈牙利狂想曲》是宣扬匈牙利吉卜赛人的自由音乐的作品,总共由19首曲子组成,第二首曲子最为著名,曾被用在《猫和老鼠》等各种动画片中,也是一部可以感觉到李斯特对祖国的热爱的作品。

演出中到底应该在什么时候鼓掌？

很多海外歌手来韩国演出时，最喜欢的环节是观众们的"合唱"，由此可见，韩国人是一个活力四射、积极享受演出的民族。不过，古典音乐的演出和其他类型的演出不同，大多是在非常安静的环境中进行的。你们应该也有过这样的经历吧？看演出时被触动想要鼓掌，但是因为周围太过安静，不好意思鼓掌而左右环顾，观察他人的眼色。那么，到底什么时候鼓掌比较合适呢？

其实关于鼓掌的时机，并没有一定之规，所以只要考虑是否符合礼貌和社交礼节就可以了。常识认为，换乐章的时候不能鼓掌。不过随着现代音乐中乐章区分界限的模糊，这一点也不是很明确了。那么，我们先来了解一下，乐章与乐章之间不能鼓掌的原因。

首先，乐章是主题、结构、节拍、氛围转变时，为了告知听众接下来的区块与之前完全不同而做出的区分。乐章转换时，演奏者为了能顺利进入下一轮"呼吸"，必须在此"缓气"，所以需要高度集中注意力，如果此时观众突然大声鼓掌，就会打破他们的节奏，扰乱他们的注意力，因此，整个乐章全部结束后再鼓掌也就成了剧场礼节。

那么，如何知道所有乐章都结束了呢？通常许多人会在剧场做察言观色的游戏。如果一个人开始鼓掌，其他人看到后，接着就会有3个以上的人跟着鼓掌，之后才会全体参与进来，于是掌声越来越大。看别人眼色行事是方法之一，但有一个更简单的小诀窍。

当一个乐章向另一个乐章过渡的时候，指挥者和演奏者的手通常会放在乐谱架附近，为翻乐谱作准备。而且指挥者为了及时给演奏者发出下一乐章开始的信号，会将指挥棒稍稍举起。反之，如果整个乐章全都结束了，指挥者会将指挥棒完全放下，并做好向后转的准备，所以如果你不敢确定，就等指挥者转过身来，完全面向听众席的时候大声鼓掌就可以了！简单吧？

不过也有例外的情况。通常第1部分出场的是序曲、前奏曲、练习曲等没有乐章区分的曲子，此时曲子结束的时候也是可以大声鼓掌的。

"演出中到底应该在什么时候鼓掌？"这个问题至今还困扰着很多人，其实，我们有必要想一想音乐的本质。音乐和演奏是为了向人们传递共鸣和感动而存在的，所以，表达感动的行为也是观众的自由，但是，如果我们能不仅考虑自己的感受，还照顾到一起欣赏音乐的其他观众、投入演出的演奏者，做更礼貌的观众，那样岂不是能创造出更优秀的演出文化吗？

11

音乐史上最有名的三角关系
舒曼和克拉拉

罗伯特·舒曼

> 让老婆这么辛苦，对不起。
> 不，没对不起。不，还是对不起……

我毕业于法学院。

#杂志主编 #克拉拉，谢谢你 #忧郁

勃拉姆斯　大哥，嫂子在家吗？
#杂志订阅中 #姐姐，我爱你

弗里德里希·维克　我反对你们结婚！
#女儿奴 #我要起诉

♪ 推荐曲目

01.《第二钢琴奏鸣曲》
02.《捉迷藏》
03.《献词》
04.《梦幻曲》
05.《在美妙灿烂的五月》

浪漫时代开出的最浪漫的爱情之花

就像浪漫主义命名为"浪漫"一样,这个时代美丽且华丽的同时,还充满着梦幻和朦胧。提到浪漫,你最想听到的故事应该是爱情故事吧?

舒曼

这次我想要介绍的,就是音乐史上最有名的三角关系的主人公们——舒曼、克拉拉、勃拉姆斯。那么,这究竟是感人的爱情故事,还是爱情与战争呢?首先我们来见一见当代以帅气和聪明而闻名的罗伯特·舒曼。

音乐神童上法学院的前因后果

我们说过，莫扎特是一个幼儿时期就开始作曲，并将自己的作品演奏出来的音乐神童，今天要讲的主人公罗伯特·舒曼也是从7岁就开始弹钢琴和作曲的。如果要这么说，可能有人会问："不是说其他作曲家也都是从小开始学音乐的吗？"其实，除了演奏钢琴和学习音乐，从小开始学习作曲的音乐家并不多。

舒曼不像莫扎特，出身于音乐世家，不过他有一个了解其才华的出版商父亲，托父亲的福，他从小就得以向著名的老师学习音乐。不过，16岁那年，就在他正需要父母的爱护和关心的时候，父亲突然去世了。担忧子女未来的母亲说："我们没钱了，你要是学音乐，将来我们该怎么生活呢？"让舒曼为了生计放弃音乐。舒曼没能违抗母亲之命，放弃音乐家的梦想，进入莱比锡大学就读法律专业。在浪漫时代画出浓墨重彩的作曲家，居然是一个法学院学生，你是不是很惊讶？

就这样，我们差点儿失去一位大师，不过庆幸的是，舒曼是一个对音乐和钢琴有着巨大热情的人。因为头脑聪明，他的学习成绩相当不错，但是每当他被各种法典"淹没"的时候，他就为自己远离音乐而感到痛苦。最终他逃出法学院，去找钢琴老师了。

决定重走音乐家之路的舒曼，看着那些一直以来坚持不懈学习音乐的同龄人，感到不安。因为钢琴是运用身体弹奏的乐器，所以如果不持之以恒地练习，手指就会变得僵硬。而舒曼在法学院学习期间，有很长一段时间没能接触钢琴，所以他感觉自己落后其他人很多。即便如此，如果他能有条不紊、按部就班地去练习，可能结果也会很好，但舒曼想要快速追回掉队的时间，急于求成，他开始在手指上挂沙袋练习弹钢琴。

可能是因为太过心急，由于高强度的训练，舒曼的指骨断裂，并且无法康复，最终他不得不放弃做钢琴家的梦想。

对于钢琴家来说，无法灵活地使用双手，那无异于宣判死刑。不过舒曼并没有气馁，因为他比任何人都更热爱音乐，所以他充分运用作曲经验，发挥自己文笔秀丽的优点，转向了评论家兼作曲家之路。

推荐曲目01：《第二钢琴奏鸣曲》

这是舒曼创作的最后一首奏鸣曲。虽然创作时间比《第三钢琴奏鸣曲》晚，但是因为先出版，所以作品编号是2号。这首曲子在忠实古典奏鸣曲形式的同时，还营造了一种浪漫的氛围。特别是第1乐章开头的主旋律，在所有乐章中都会重现，给人一种和谐感。

创办《新音乐》杂志

舒曼创办的《新音乐》杂志

如果听舒曼的钢琴奏鸣曲就会发现,他的音乐可以说是浪漫音乐的典范,旋律优美且华丽。除了音乐,舒曼还以文学审美眼光和秀丽的文笔而闻名。因为突如其来的变故,虽然他的钢琴家梦想受挫,但他并没有放弃,在作曲的同时,还开始做起音乐评论家。他不仅在报社刊登自己写的文章,甚至和曾是自己钢琴老师的维克一起创办了评论杂志,也就是在其他作曲家的趣事中经常提及的《新音乐》杂志。

其中,最具有代表性的评论要数看了肖邦的处女秀后,刊登的高度称赞他的文章,舒曼在其中写道:"请大家摘下帽子,史无前例的天才诞生了。"在听了李斯特的演奏后,舒曼写下了这样的好评:"延续至今的钢琴演奏风格结束了。现在外在表现勇敢无比的角色将成大行其道,命运之神允许他统治和胜利。"多亏了舒曼的评论,越来越多的音乐家得到关注,同时他的文章的影响力也在逐渐扩大。

评论家这个职业是一个批评人的工作,也是一个容易在无形之中树敌的职业。尽管如此,舒曼和当代出名的大多数音乐家都维持着友好关系，与门德尔松、李斯特、瓦格纳、勃拉姆斯、肖邦等浪漫时代的几乎所有代表性作曲家都交好，其原因也许可以从前面介绍过的评论中略窥一二，因为他积极鼓励刚走上这条路的新人音乐家，对已经走红的音乐家也毫不嫉妒，还对他们的音乐毫不吝惜地大加称赞，人缘怎能不好。

《新音乐》杂志不仅介绍新人、评论演出，还让已经过世的音乐家重新得到关注，被认为是值得信赖的评论杂志。舒伯特去世后，《新音乐》杂志在对遗属进行采访时，在他的故居发现了《C大调第九交响曲》的乐谱，并率先在《新音乐》杂志上公开了原稿（后来也进行了演奏）。此外，《新音乐》杂志还会不断介绍和评论像贝多芬、莫扎特、巴赫这样之前时代的作曲家的曲子，为音乐界的复兴煞费苦心。

与其他的评论杂志不同，舒曼以一种独特的形式来撰写评论文章和创办《新音乐》杂志。一般的评论主要是以第一人称视角撰写的，而《新音乐》杂志则会让舒曼自己和各作曲家都登场，以对话的形式来撰写评论，如果遇到语气必须强硬的情况，舒曼就会塑造一个假想的角色，借他的嘴来表达。所以有评论认为，苏曼不愧是异于常人的聪明人，现在大家应该能理解了吧？

推荐曲目02：《捉迷藏》

《童年即景》是一组由13首曲子组成的钢琴套曲，据悉创作灵感来源于克拉拉写给舒曼的信件中的话："有时在你面前我真像个孩子"。整首曲子无须高超的演奏技巧，由孩童般简单、纯粹的旋律构成。《捉迷藏》是《童年即景》的第三首曲子，用急促的16分音符表现了到处躲藏以防被捉人者发现的情形。

为爱起诉岳父大人

克拉拉

我们已经了解了舒曼大致是一个什么样的人，那接下来就进入大家非常期待的爱情故事吧。接下来，我要给大家介绍他矢志不渝深爱着的缪斯女神——克拉拉。弗里德里希·维克是舒曼的钢琴老师，并与他一起创办了《新音乐》杂志，而克拉拉就是他放在心尖上的女儿。克拉拉也是一个音乐天才，自小就常被周围人夸赞钢琴弹得好。

但是很可惜，克拉拉很小的时候母亲就离开了她。父亲维克担心女儿得不到母爱，将其视为掌上明珠，小心抚养。在父亲的精心呵护下，克拉拉成长为一个活泼可爱的少女，甚至还继承了父亲的才华，周围人纷纷称赞不已，所以维克成为"女儿奴"也是必然的。

其实，舒曼和克拉拉的初次见面并不那么浪漫。在跟着维克学习钢琴的时候，舒曼就是一个出了名的情场老手，一旦他有了喜欢的人，就在曲子里放入示爱的暗号，然后将曲子赠送给那个人。在情场春风得意的舒曼，有一次被人甩了，他本已经放下受伤的心，想着还是好好弹琴，但就在此时，刚满14岁的克拉拉（克拉拉比舒曼足足小了9岁）进入了他的视线。本来将一个14岁的少女当作女人来看已经够让人惊讶了，而舒曼争取这份爱情的举动更让人惊讶。

讲到这里，我已经心烦意乱了，那将克拉拉视为掌上明珠、精心抚养其长大的父亲又会怎么样呢？当然是犹如晴天霹雳。不过父母越是反对的爱情，当事人就越爱得火热，这条不成文的规律也在这里出现了。维克越是反对，克拉拉和舒曼就越想黏在一起，两人陷入了如火的热恋中。不仅如此，两人为了偷偷同居，甚至试图半夜私奔。对此怒不可遏的维克以诱拐绑架女儿的罪名将舒曼告上了法庭。不过，大家还记得舒曼原本学的是什么专业吗？虽然退学了，但是舒曼好歹是学过法律的人。面对爱人父亲的举动，舒曼没有退缩，反而以妨碍婚姻的罪名反告了老师维克，这可真是乱作一团啊。不过稚嫩的舒曼想着，对方好歹是自己所爱之人的父亲，

浪漫时代　205

还是自己的老师,这样做好像有点儿过分……于是打算稍微退一步。但就在此时,维克为了彻底拆散两人,虚告舒曼酗酒成性。在这个过程中,舒曼受伤的心慢慢坚硬起来,和岳父展开了持续很长时间的乱七八糟的法庭斗争,甚至发展到连周围的人也开始说:"有必要做到这种地步吗?"

原本随着法庭斗争战线的拉长,当事人内心疲倦,爱情之花自然会慢慢枯萎。虽然始于克拉拉14岁的诉讼一直持续到了她成年,但两人的爱情之花不仅没有枯萎,反而更繁盛了。最终等到克拉拉成年后,没有父母的许可也能结婚了,两人在克拉拉的21岁生日还差一天,也就是1840年9月12日举办了婚礼。直到此刻维克才"投降",把女儿交给了舒曼。

看到现在,你可能觉得,舒曼看起来更爱克拉拉,但是如果看记录就能知道,其实克拉拉更爱舒曼。我们能找到非常多的记录,证明克拉拉其实非常嫉妒舒曼的约会对象,还有因为克拉拉从中作梗,舒曼和别人分手的记录等。总而言之,两人最终成了模范夫妻,并生下了8个孩子。舒曼给克拉拉写了很多曲子,接下来我将给大家介绍其中最著名的一首。

推荐曲目03：《献词》

借用吕克特的诗谱成的歌曲，很好地表达了舒曼对克拉拉的深切爱意。这是舒曼在结婚前一天写给克拉拉的曲子，所以命名为《献词》。旋律非常优美，是舒曼的歌曲中最具有代表性，也是最受众人喜爱的曲子。李斯特改编的钢琴演奏版本也很著名。

舒曼、克拉拉、勃拉姆斯以及三角关系

如果这个故事以"于是两人过上了幸福的生活"结束就完美了。舒曼的爱情故事最终也遗憾且悲伤地落下了帷幕，其原因是舒曼长期患有的精神疾病。难道是身兼作曲家、指挥家、评论家等多种职责，并承担大家族的生计负担让他感到痛苦？天性敏感的舒曼陷入各种压力中，患上了抑郁症，而且随着抑郁症的恶化，开始出现幻听或幻视等的精神分裂症状，甚至连日常生活都越来越难以自理。

舒曼的疾病让家庭生计陷入了困难，克拉拉不得不出来进行钢琴演奏和授课，独自抚养和照料6个孩子（8个孩子中有2个早夭了）。即便如此，别说舒曼的治疗费了，连生活费也远远不够。就在此时，精神疾病逐渐恶化的舒曼，甚至跳入了莱茵河企图自杀，幸亏抢救及时，捡回了一条命，但是照看他的克拉拉和家人们却悲痛欲绝。

浪漫时代　207

舒曼的粉丝勃拉姆斯

就在所有人困顿不堪的时候，勃拉姆斯出现了。勃拉姆斯是舒曼的狂热粉丝，他太喜欢舒曼的曲子和评论了，在心里偷偷将其当作自己的老师对待。勃拉姆斯性格活泼，曲子写得好，人缘也很好。他四处对认识的人说自己想见舒曼，并请对方给牵线搭桥，喜欢舒曼到了如此程度。小提琴家约阿希姆禁不住勃拉姆斯的哀求，于是介绍二人认识。据说舒曼和勃拉姆斯在见面的一瞬间，就看到了对方的天赋与才华。尽管舒曼因疾病痛苦不已，但仍然是音乐界的巨匠，他很好地引导着刚走上这条道路的勃拉姆斯。

两人不仅是关系很好的师生，也是好同事。不过，这里出现了一个大问题，那就是勃拉姆斯爱上了克拉拉。尽管克拉拉是有夫之妇，是6个孩子的母亲，还比自己大14岁，但是这些在勃拉姆斯眼里都不重要，在他看来，克拉拉非常完美。勃拉姆斯对克拉拉爱得非常深，即便克拉拉一次都没向他投注过视线，但勃拉姆斯还是爱上了她，他甚至四处宣扬："我爱上了那位姐姐！"在给熟人的信件里也不停夸赞克拉拉多么完美，述说自己梦想得到这样的女人。

那么，克拉拉的心情如何呢？勃拉姆斯热烈地向克拉拉示爱的时候，深爱的丈夫的精神疾病日益严重，自己还怀着最小的那个孩子，以孕妇之躯承担着所有家人的生计和全部家务，克拉拉已经快要累死了。突然有一个比自己小 14 岁的男子过来说："姐姐，我爱你，你是我的梦中情人。"你觉得她能听得进去吗？虽然因为勃拉姆斯和丈夫的关系非常亲近，不能将其无情赶走，但是克拉拉还是不留余地地、明确地拒绝了他。即便如此，勃拉姆斯仍旧不断向克拉拉示爱，在近 2 年的时间里，一直给克拉拉写信，毫不掩饰自己的爱慕之情，当然全都被克拉拉拒绝了。

勃拉姆斯的朋友们在一旁实在看不下去了，开始劝他，让他去见见其他女人，甚至积极地给他安排相亲。在朋友们的努力下，勃拉姆斯和一个交往得还算顺利的名叫阿加特·冯·西博尔德的女子成功订婚了。西博尔德是大学教授的女儿，名门望族的闺秀。据说订婚后终于打起精神的勃拉姆斯也给西博尔德写过曲子，还寄过很多示爱的信件。看起来终于打算正常恋爱了，但这只是暂时的。突然，勃拉姆斯撕毁了婚约，又回到克拉拉身边重新开始示爱了。他突然对西博尔德说："抱歉，我要回到一个爱了很久的姐姐身边去。"受到刺激的西博尔德十多年没有结婚，一直保持着单身。虽然这不是我的亲身经历，但是这个故事莫名让我有一种血压飙升的感觉。

推荐曲目04：《梦幻曲》

《童年即景》的第七首曲子，也是《童年即景》中最著名的曲子，所以经常被用作电视剧或电影配乐。虽然曲子不长，演奏时也无须高超的技巧，但是因为需要完美地演奏出感觉，所以反而比较难弹。

克拉拉最后的爱

即便被拒绝了多次，勃拉姆斯也没有停止对克拉拉的示爱，但是，很意外，他居然又爱上了克拉拉的女儿，而且那个女孩也迷上了勃拉姆斯，差点儿再次闹出大事。但是头脑清醒的克拉拉自然是不可能将女儿交给勃拉姆斯的，这件事也就到此为止了。虽然勃拉姆斯一直没能得到克拉拉的芳心，但是却以朋友的身份留在克拉拉身边，长期帮助她照顾家庭。克拉拉77岁时去世，没能给她送终的勃拉姆斯承受不住打击，陷入了痛苦之中，并于第二年也离开了人世。在那遥远的天国，不知道克拉拉是否接受了勃拉姆斯的爱？

这三个人的爱恨情仇常被人说成单纯和刺激的三角关系，不过，这个故事的后半段却透露出，克拉拉是一位多么优秀和干练的女性的事实。无论怎么说，舒曼和勃拉姆斯，这两位作曲家都是非常优秀的人物，因此，担任妻子角色的克拉拉没能得到较多关注，但是如果仔细回头去看她的事迹，我们真的会吓一跳。

克拉拉在舒曼去世后，在剩下的 40 多年里，一直没有接受勃拉姆斯和诸多男性的追求，也没有再婚，而是选择了继续以克拉拉·舒曼的身份生活下去。而且，她需要照顾的子女众多，在这么困难的情况下，她还能成为一位著名的钢琴家。据说她曾来往于无数演出大厅，在舞台上弹奏爱着自己的舒曼和勃拉姆斯的作品，你不觉得她非常优秀吗？在那个时代，女性再婚也可以生活得很舒服，但是她却坚守着自己的价值观，凭借自己的双手养家糊口，甚至还能发挥自己的才华！每次讲到这段的时候我都会肃然起敬，经常怀疑现在讲的真是发生在 19 世纪的故事吗？

克拉拉是一个比任何人都知道爱惜自己的人，所以即使丈夫身患精神疾病，她还是将独自抚养孩子的母亲和音乐家两份职业都做到了最好。虽然，因为处于那个女性音乐家无法得到太多关注的时代，即使她积极参加大量演奏活动，最终也只被记作"三角关系的女主人公"和"舒曼的妻子"。不过，现在还有谁能说，她没有以钢琴家克拉拉的身份青史留名呢？

至此，三个人的故事就要结束了，我突然很好奇，你们谈的是什么样的恋爱呢？

推荐曲目05：《在美妙灿烂的五月》

《诗人之恋》是舒曼在和克拉拉举办婚礼那年，也就是1840年创作的声乐套曲。可能是因为要和克拉拉结婚，其中包含了16首非常浪漫和充满爱的曲子。《在美妙灿烂的五月》是这部声乐套曲中的第一首曲子，是在海涅的诗中加入旋律创作而成的，借助优美的旋律和歌词倾诉着满腔的爱意。

12

爱上老师的夫人！被称为"贝多芬转世"的男人

勃拉姆斯

约翰内斯·勃拉姆斯

> 喜欢我的人这么多，只有克拉拉姐姐不喜欢我。

（你喜欢勃拉姆斯吗？）

#舒曼的家人我来负责 #克拉拉，我爱你

舒曼 这次也谢谢你帮我。
#别再来家里了 #只是传闻而已

克拉拉 拒绝姐弟恋
#克拉拉·舒曼 #坚忍的女子

瓦格纳 我知道你的秘密。
#勃拉姆斯是天阉 #勃拉姆斯是坏人

♪ 宋纱棐的推荐曲

01.《第四交响曲》
02.《第一交响曲》
03.《第一钢琴三重奏》
04.《爱的华尔兹》
05.《第三钢琴奏鸣曲》

214　伟大的旋律　18位传奇古典音乐家趣谈

你喜欢勃拉姆斯吗？

你知道弗朗索瓦丝·萨冈写的《你喜欢勃拉姆斯吗？》吗？即便你不知道勃拉姆斯是谁，也可能听说过这本书。如果连书名也觉得陌生，那你说不定会想起舒曼的故事，"这不就是上文中三角关系里的那个'年下男[1]'吗？"不过无论你知不知道勃拉姆斯，在读完本故事后，也许你会喜欢上他，毕竟他是一个多才多艺又魅力十足的男人。

约翰内斯·勃拉姆斯不仅是作曲家和钢琴家，还是指挥家、小提琴家、大提琴家，几乎是一位全能音乐家。我在前

---

[1] 年下男是指看着年龄比自身年龄小的男生，多指15至25岁的人。

文说过，提到德国的作曲家就会想起"3B"吧？"3B"不是铅笔的型号，而是名字以"B"开头的三位德国作曲家的别称，即巴赫、贝多芬、勃拉姆斯。由此可见，勃拉姆斯可是德国人引以为傲的作曲家。

年轻时的勃拉姆斯

勃拉姆斯于1833年5月7日出生于德国最大的港口城市汉堡，他的父亲非常喜欢音乐，擅长演奏圆号和低音提琴等各种乐器。可能是受父亲的影响，勃拉姆斯不仅会弹奏钢琴，还会熟练演奏小提琴和大提琴等。身为裁缝的母亲虽然是一个普通的家庭主妇，但是却比父亲足足大了17岁。所以，勃拉姆斯爱上了比自己大14岁的有夫之妇克拉拉·舒曼，难道不是受父亲的影响吗？

勃拉姆斯的成长经历和我多次说过的各大作曲家相似，他5岁开始学习演奏小提琴和大提琴，7岁开始跟弗里德里希·维利瓦尔德·科赛尔学习弹奏钢琴，10岁时凭借钢琴公开演奏会在音乐界崭露头角，同年创作了自己的第一首钢琴奏鸣曲[2]。

---

2 这首曲子虽然是勃拉姆斯第一次创作的奏鸣曲，但并不是勃拉姆斯的第一号钢琴奏鸣曲，实际上勃拉姆斯童年时期创作的曲子大多已经被损毁，找不到了。

因为大多数作曲家的成长经历类似，所以勃拉姆斯如此优秀的履历看起来也会显得有些平庸。小勃拉姆斯在钢琴演奏方面显露出天赋后，他的老师和父母都希望他能成为一个著名的演奏家，而不是作曲家，所以并没有积极推进勃拉姆斯的作曲学习。但很幸运的是，科赛尔的老师非常看好勃拉姆斯，所以帮助他学习作曲。如果没有遇到引导他走上作曲家之路的老师，那么，我们差点儿就失去了一位名留青史的作曲家。

推荐曲目01：《第四交响曲》

《第四交响曲》是勃拉姆斯最后创作的交响曲。勃拉姆斯的第一到第三号交响曲常被拿来与贝多芬的作品进行比较，反之，他的《第四交响曲》则被评价为"真正的勃拉姆斯音乐"，是一部很好地融合了浪漫内容和古典形式的作品。《第四交响曲》的第一乐章非常浪漫，很好地营造了悲剧氛围，悲切的小提琴旋律是其特征。

贝多芬第二？"贝多芬转世"！

在进入舒曼、克拉拉和勃拉姆斯的三角故事之前，让我们来短暂地看一看，身为作曲家的勃拉姆斯究竟是一个什么样的人。艺术家通常可以分为两种类型，一种是与生俱来的天才，就像武林高手一样可以迸发艺术力量的人，另一种是才华比别人优秀，虽然也是天才，但是比起武林高手，其整体更接近于模范生。勃拉姆斯就属于后者，是努力型天才。也许就是这个原因，我上大学时，只要听到勃拉姆斯创作的曲子，教授就会这样说："像勃拉姆斯这样的天才都是真正的勤奋生，你们有什么理由不努力学习？"勃拉姆斯作为勤奋的学究派，一直在研究贝多芬、巴赫、莫扎特等成就斐然的大师的曲子，尝试形成独属于自己的风格。

模范生勃拉姆斯特别认真地研究了贝多芬的作品，可能正因如此，他才有了"贝多芬第二"的称号，虽然这并不是他的本意。因为勃拉姆斯和贝多芬有着密不可分的联系，所以我要对此进行更详细的说明。虽然勃拉姆斯是在贝多芬去世6年后出生的，但是当时的欧洲正处于贝多芬的热度还没退却的古典时代后期，音乐界因为巨匠的去世而有了些微的萎缩，也就是说，音乐家们无论做什么都会被拿来与贝多芬作比较。如果发表的曲子延续传统，就会得到"不过是贝多芬的二流作品"这样苛刻的评价，但如果脱离现有风格进行新的尝试，又会得到"连贝多芬的脚尖都不如"这样的恶评。让无数音乐家痛苦不已的"贝多芬病毒"，在贝多芬去世后广泛传播。"贝多芬之后会是谁呢？""谁会引领音乐界的潮流呢？"这样的问题给新人作曲家带来了非常大的心理负担，最终甚至发展到作曲必须在脱离贝多芬，还是继承贝多芬两条路线中二选一的地步。

就在此时,勃拉姆斯如同彗星般横空出世。要说贝多芬的代表作,钢琴奏鸣曲和交响曲是被提及最多的,勃拉姆斯正好是钢琴奏鸣曲和交响曲大师。终于找到了可与贝多芬匹敌的人才,德国音乐界顿时沸腾起来,他们开始兴奋地将勃拉姆斯称作"贝多芬转世"。身为前辈兼老师的舒曼,在其主办的《新音乐》杂志上称赞勃拉姆斯:"必定会完美地呈现这个时代的所有音乐倾向,是受到了召唤的音乐救世主",现在看仍然是惊人的高度赞扬。

但是世间万物都有两面性。欧洲仍然深受贝多芬音乐的影响,部分喜欢贝多芬的人说:"你算什么,竟然敢称'贝多芬转世'?"于是非常讨厌勃拉姆斯。这种情形日益加剧,甚至将舒曼所使用的"救世主"这个词,用作挖苦勃拉姆斯时的反讽绰号。

勃拉姆斯也感受到了贴在自己身上"贝多芬第二"这个沉重标签带来的巨大负担,所以他创作《第一交响曲》足足花了10年之久。即便如此,听了这部交响曲后,很多人都会说:"这不是勃拉姆斯的《第一交响曲》,而是贝多芬的《第十交响曲》吧?"或者"现在我相信这是贝多芬'转世'后写的曲子了。"

> **推荐曲目02：《第一交响曲》**
>
> 也被称为贝多芬的《第十交响曲》，被后世评价为贝多芬逝去后作曲家们发表的作品中最优秀的曲子。这首曲子在忠实追随德国交响曲的形式的同时，还使用了新颖、大胆的和声，能同时感受到平静的氛围和沉重的压迫感。

　　被贴上"大师转世"这种标签，勃拉姆斯本人真的高兴吗？如果我能被和这样的大师进行比较，我在高兴之余，内心应该也会觉得受伤吧。和像贝多芬这样伟大的人物相提并论虽然是一件光荣的事情，但是如果自己的作品只被看成是他人的影子，站在创作者的立场来说，恐怕只会觉得郁闷。也许就是因为这些，晚年的勃拉姆斯也曾将贝多芬的音乐和莫扎特、巴赫的音乐进行过比较，甚至还辱骂过，是不是就像某种小心眼的人的报复？

从勃拉姆斯的角度来看，他和舒曼、克拉拉的关系

　　我们有必要站在勃拉姆斯的角度来看一看上文介绍过的舒曼、克拉拉、勃拉姆斯的三角关系。用现在的话来说，勃拉姆斯就是舒曼的"铁粉"。他在作曲之初，刚接触到舒曼的音乐就非常喜爱，不停地向周围的人大声宣布，自己想要见舒曼一面，看不下去的同事兼音乐家约阿希姆为他搭桥，

介绍两人见了面。亲眼见到一直尊敬的人是一件让人兴奋的事情，两人之间并不是普通的大师和粉丝的关系，最后还发展成了交好的同事。舒曼非常看好勃拉姆斯，甚至表示，他是一个值得期待和关注的作曲家。因为舒曼的评语，勃拉姆斯在音乐界的地位有了翻天覆地的变化。

两人见面后，勃拉姆斯得到了舒曼的许多帮助，出版了单独作品，还开了演奏会，舒曼在《新音乐》杂志上经常发表高度称赞勃拉姆斯的评论。当然，就像前文所说，过度表扬也会变成"毒药"，在长达20年的时间里，他都被人们讽刺，"什么？居然说你是救世主？"不过，是金子总会发光的。勃拉姆斯和舒曼的友情越来越深，但此时舒曼却因精神疾病企图自杀，之后更是长期住院。于是，勃拉姆斯将舒曼的家人当作自己的家人来照顾。

而也在这个时候，他察觉到了自己对克拉拉的爱。研究舒曼的学者们将勃拉姆斯描述成单相思，或者是对导师夫人的紧追不舍的愣头青，但是，研究勃拉姆斯的学者们却将这段爱情说成是柏拉图式的爱情，是出于尊敬舒曼而油然而生的举动，勃拉姆斯非常心软，所以很多文章里都流露出决心抚养克拉拉和其家人的意思。真正的实情只有当事人才知道，不过看现存的记录，勃拉姆斯经常给克拉拉寄去示爱信件，还留下了很多向熟人讲述自己对克拉拉的爱意的证据。所以，比起柏拉图式的爱情,是不是看上去更接近单相思呢?

虽然舒曼因精神疾病,无法维持正常的婚姻生活,甚至早早去世,但是怎么能爱上同事的夫人,甚至还将这份爱意表达出来呢?音乐史上这种不伦或无法实现的爱情故事非常多,可能是我比较保守,每次看到这样的内容,都会感到惊讶和不解。

在舒曼的故事中已经详细说明过,克拉拉是一位非常坚韧、优秀的女性,所以优雅地拒绝了勃拉姆斯的求爱。她还安抚因舒曼的去世和单恋失败而倍感痛苦的勃拉姆斯,并在自己的演奏会上弹奏他的曲子,为了让他打起精神写曲子而不断激励他,完全是一副成熟女人的做派。虽然对克拉拉的示爱被拒绝了,但是勃拉姆斯一辈子都守护在这个女人身旁,没有结婚,默默地支持着她(当然偶尔也和其他女人传过绯闻),甚至在克拉拉去世后还成了舒曼的孩子们的监护人。但是勃拉姆斯在克拉拉去世后陷入了巨大的悲伤和思念之中,不到一年也离开了人世。暂且避开"三角关系"或"不伦"不谈,也许舒曼、克拉拉、勃拉姆斯三人中最明白"给予之爱"的就是勃拉姆斯了。

推荐曲目03：《第一钢琴三重奏》

《第一钢琴三重奏》是勃拉姆斯在1854年，也就是他21岁时创作的第一首室内乐作品。在创作这首曲子的时候，他听到了舒曼企图自杀的消息，于是前去舒曼家和克拉拉一起照顾她的孩子们，这首曲子于同年12月完成。在36年后，他对这部作品进行了整体修改，并发表了出来，这时第一乐章几乎没有做任何修订，从中我们能感受到勃拉姆斯处于对舒曼的尊敬和对克拉拉的爱慕之中，产生的极度矛盾的心情。

散布勃拉姆斯"天阉说"的瓦格纳

性格良好、与周围人融洽相处的勃拉姆斯，在音乐界非常受欢迎。人缘如此好，自然就会有随之而来的猜忌和嫉妒，在这一点上，与勃拉姆斯冲突最大的人就是瓦格纳。瓦格纳和勃拉姆斯可以说是完全相反的两种人，听这么说，感觉两人像是同龄的竞争对手，但其实瓦格纳比勃拉姆斯足足大了20岁，所以瓦格纳这是在和后辈吵架。

其实，最开始两人的关系并没有这么糟糕，勃拉姆斯直接说过想研究瓦格纳的曲子，甚至向瓦格纳请求过，是否能将总谱给自己看一看，瓦格纳也去听过勃拉姆斯指挥演奏的亨德尔的音乐，并毫不吝啬地夸赞过。但是突然在某个瞬间，两人的关系就破裂了。两人不只对对方进行音乐上的批评，还发展为人身攻击，甚至到了折磨彼此周围人的地步。勃拉姆斯没能和克拉拉在一起，甚至取消了婚约，一直独身一人，所以瓦格纳传出了勃拉姆斯是"天阉"的传闻。

随着矛盾加剧，两人的人脉也被分了派别，最后甚至形成新人作曲家必须站队的局面。两个派别会互相阻止对方阵营的音乐家亮相舞台、抢夺比赛奖项等，当时德国的音乐界展开了非常激烈的"争吵"。因为瓦格纳和勃拉姆斯的斗气，新人作曲家汉斯·罗特[3]患上了精神疾病，25岁就去世了；很多人喜欢的作曲家古斯塔夫·马勒[4]也在两人之间不动声色地逢迎，如履薄冰看眼色，传出了各种各样的趣事。

> **推荐曲目04：《爱的华尔兹》**
>
> 《圆舞曲Op.39》是勃拉姆斯的钢琴作品集，共收录了16首曲子。其中被称为《爱的华尔兹》的第15首曲子最受喜爱。与充满活力的华尔兹曲相比，这首曲子更接近朴素和轻松的演奏曲。因为其旋律宁静，很有氛围感，所以常在有格调的活动中演奏。

3　汉斯·罗特（1858.8.1—1884.6.25）奥地利作曲家兼管风琴演奏家。
4　古斯塔夫·马勒（1860.7.7—1911.5.18）后浪漫派作曲家兼指挥家。

拥有除爱情外的一切的男人

中年的勃拉姆斯

中年的勃拉姆斯非常成功，随着他写的曲子一一发行，他也越来越富有，并在音乐界切实站稳了脚跟，前来拜访他的人非常多。他的全盛期通常被认为是43岁到57岁，此时的勃拉姆斯已经成为可以和他尊敬的贝多芬、舒曼相提并论的知名人士，多所大学给他授予了荣誉博士学位，想让他去自己的学校当教授。

勃拉姆斯过着平静而幸福的生活，他表示："我得到的成就已经足够多，现在想好好休息了。"在他57岁时突然宣布隐退。1891年，他在听了当时很出名的单簧管演奏家理查德·米尔菲尔德的演奏后受到触动，接连发表了单簧管奏鸣曲、单簧管三重奏、单簧管五重奏等形式的作品。就这样，他重新开始了作曲，写着写着可能是灵感爆发，他又陆续发表了众多钢琴作品集，让曾经的隐退宣言黯然失色。

勃拉姆斯和贝多芬一样，非常喜欢大自然，喜欢在散步的时候思考，从大自然中获得灵感。虽然他一辈子单身，但特别喜欢孩子，所以他总是随身带着糖果，每次遇到孩子都分发给他们，于是有了"糖果男子"的称号。而且，他虽然是"大富翁"，但他并没有买自己的大宅，而是选择住在普通的公寓中，他甚至为了让新人作曲家能轻松投入音乐创作，而匿名给予他们帮助。他还给自己的亲戚提供经济帮助，在舒曼和克拉拉夫妇去世后给他们的孩子们当监护人，在背后照顾他们的生活，充分展示了一位成功人士温暖的一面。很遗憾，他晚年饱受黄疸的折磨，最终于1863年4月3日死于肝癌，这一年他63岁，距爱了一辈子的克拉拉·舒曼去世才一年。

在写勃拉姆斯的故事时，我总是想起"王冠的重量"，财富和名声背后经常伴随着批评和妒忌。即使是现在，也有很多艺术家由于毫无根据的恶评，在闪光灯和作品后崩溃不已。想要做到不在意世人目光，只专注于将自己想要表达的故事完整地呈现在五线谱上，这需要多么坚定的意志啊？真庆幸勃拉姆斯是一个坚强的人。

一辈子都爱着那个人，但最终也没能得到那个女人的心，虽然取得了财富和名誉，但身边一直存在"敌人"，即便有着如此多的成就和不幸，还是不受外界所扰，一刻也不停息地勤奋作曲，这就是勃拉姆斯。不过，如果我们换个角度来看，虽然勃拉姆斯没能收获爱情的甜蜜果实，但他却能将完整的爱给一个人，尽管身边一直有想伤害自己的人，但对他们都毫不在意，并脱颖而出，成为大师。而且，尽管饱受疾病折磨，但直到临终，他都没有放弃身为作曲家的职责，勃拉姆斯是一位伟大的艺术家。

我想，也许人生就是这样的。

别人判断我的不幸，真的是我的不幸吗？也许只不过不是我的最好选择呢？如果我已经尽了全力，那这一刻我所结出的果实不是比任何人的都要甜吗？

我要讲述的勃拉姆斯的故事到此就结束了，怎么样，你喜欢勃拉姆斯吗？

推荐曲目05：《第三钢琴奏鸣曲》

勃拉姆斯的三首钢琴奏鸣曲全部创作于他的青年时期，因此，作品中处处都能看到贝多芬的影子，《第三钢琴奏鸣曲》中可以看到贝多芬《第五交响曲》的影子。《第三钢琴奏鸣曲》并不是传统的由三四个乐章组成的，而是由五个乐章构成的。在继承贝多芬风格的同时，又能看到新浪漫主义的形式。

13

浪漫时代的综合艺术家，和希特勒有什么关系

瓦格纳

理查德·瓦格纳

选勃拉姆斯还是选我?
你们要选好队!

听说希特勒喜欢我的曲子?

#瓦格纳支持者 #创作了28年

希特勒 瓦格纳,你是我的英雄。
#朝圣者之合唱

勃拉姆斯 幼稚!居然说我是天阉?
#我也要爆料

柯西玛 年龄差距大有什么关系!我会说服父亲的。
#李斯特的女儿 #庆典我来负责

🎵 推荐曲目

01.《婚礼大合唱》
02.《汤豪舍》序曲
03.《女武神的骑行》
04.《爱之死》
05.《朝圣者的合唱》
06.《漂泊的荷兰人》序曲

特定场合播放量最多的音乐

除了像贝多芬这样已经成为代名词的著名作曲家,在介绍对于普通人来说有些许陌生的作曲家时,有一个非常有用的方法,那就是先介绍一首大家隐约在哪儿听过的曲子。也许你对本故事的主人公瓦格纳感到有些陌生,但是,他创作的曲子在全世界的特定场合演奏次数最多,所以大家很可能至少听过两次瓦格纳的曲子。在正式的故事开始之前,我们先欣赏一首瓦格纳创作的曲子吧?

> **推荐曲目01：《婚礼大合唱》**
>
> 《罗恩格林》是以中世纪传说为基础创作的歌剧，因为其情节有趣、节奏紧凑，所以非常受大众喜爱。《罗恩格林》超越了既有歌剧的形式，凸显了音乐剧的要素，丰富多彩的管弦乐演奏是其特征之一。婚礼上被用作新娘入场曲的《婚礼大合唱》就出自其第三幕，但讽刺的是，歌剧《罗恩格林》却是以悲剧收场的。

"当～当当当～"只听到这样的前奏旋律就能知道是什么曲子了吧？这首曲子是婚礼上新娘入场时播放的《婚礼大合唱》，是瓦格纳的歌剧《罗恩格林》里的曲子。虽然婚礼上用的是钢琴演奏的版本，但是正如标题所示，这首曲子原本是一首合唱曲。其实歌剧中也有婚礼场面，但这首曲子不是新娘入场时唱的，而是主人公第一次进入新房时唱的。

差点儿被叫"盖尔"的童年

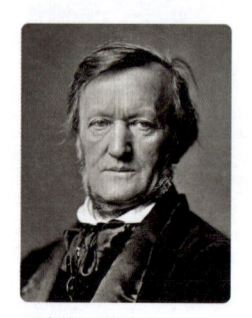

理查德·瓦格纳

理查德·瓦格纳于1813年5月22日，出生于德国莱比锡，家里有9个孩子，他是最小的。父亲卡尔·弗里德里希·瓦格纳是警察局的一名书记员，母亲乔安娜·罗西娜是面包师的女儿，两人十分恩爱，家庭很和睦。但是幸福只是暂时的，瓦格纳出生不到6个月，父亲就因伤寒突然去世。

父亲卡尔有一个演员兼诗人的朋友路德维希·盖尔，盖尔平时就和卡尔夫妇来往频繁，也许正因如此，乔安娜在丈夫去世9个月后就和盖尔结婚了，此时瓦格纳出生仅15个月。因为瓦格纳太过于年幼，还是一个婴儿，母亲担心他在成长过程中对父亲的印象产生错乱，所以户籍上没有写亲生父亲的姓氏，而写的是继父的姓，所以他虽然出生时叫理查德·瓦格纳，但却是以理查德·盖尔的身份成长。也是因为这个原因，曾经有一段时间，关于瓦格纳的亲生父亲是盖尔的传闻流传甚广。瓦格纳不仅在作曲方面非常有天赋，而且在哲学、诗歌、文学、戏剧等盖尔所从事的领域也都很有才华，这也加剧了对盖尔是其亲生父亲的怀疑。不过最后证明，这个传闻是假的，随着理查德在15岁时遵亲生父亲的姓，重新改姓为瓦格纳后，"盖尔亲生父亲论"也就不攻自破了。

我们再来看看瓦格纳的童年。通常在著名作曲家们讲述自己的童年时，都会说自己在4岁左右开始学习弹钢琴之类，但是瓦格纳的成长轨迹有点儿与众不同。因为继父曾是演员，所以瓦格纳从小就经常出入剧场，甚至还作为儿童演员上过舞台，非常有天赋。儿子刚表露出对艺术的兴趣，母亲乔安娜就马上开始让他学习绘画。为什么是绘画呢？那是因为在当时的社会风气下，艺术家很难挣钱养家糊口，虽然现在也

浪漫时代 233

一样。不过画家还算稍微好一些的职业，如果遇到好的资助者或画廊，那就能挣到很多钱。瓦格纳按照母亲的想法，开始出入画室，不过他没什么天赋，所以很快就放下了画笔。

在瓦格纳七八岁的时候，继父也病倒在床。这时瓦格纳为了安慰生病的继父，开始演奏钢琴。当时的瓦格纳没上过一次专门的音乐课，在学校学到的一点儿知识，再自学一点儿，就是他全部的音乐知识了。父母在得知瓦格纳自学钢琴且还会弹奏时，非常惊讶，此后瓦格纳就被带到了作曲家韦伯[1]的面前。

可以说瓦格纳这才开始正式学习音乐。瓦格纳在韦伯门下彻底迷上了音乐。当时他年仅9岁，却对正值壮年的韦伯做出了"这个人简直是天才，是活着的艺术家中最厉害的。"这样可爱的称赞。教导瓦格纳的时候，韦伯正在创作一部名为《魔弹射手》[2]的歌剧，瓦格纳完全被这部歌剧迷住了，他开始对这部歌剧所蕴含的哲学、神话、超自然等的内容感兴趣起来。比较特别的是，通常音乐家如果喜欢上歌剧，会说："哇！我也一定要写出这样的曲子来！"但是瓦格纳不同，他对曲子的背景和剧本更感兴趣，于是，学习音乐又不了了

---

[1] 卡尔·马利亚·冯·韦伯（1786.11.18—1826.6.5）德国浪漫派作曲家，后世评价他"以歌剧《魔弹射手》推开了德国浪漫派的大门"。他是贝多芬的朋友，也是莫扎特的夫人康斯坦斯·韦伯的堂弟。

[2] 意思是"射出魔法子弹的射手"，是韦伯的歌剧代表作，被评为最早宣扬浪漫主义的德国歌剧。

之了，他突然热衷于学习文学了。

梦想着成为作曲家

青少年时期的瓦格纳迷上了莎士比亚和歌德，决心成为一名戏剧家，于是进入了德累斯顿皇家学校就读，用5年的时间专心学习希腊语、拉丁语等语言和莎士比亚的作品，培养自己的想象力。据说他对神、超自然、撒旦、传说之类的内容特别感兴趣。与之前介绍的作曲家相比，瓦格纳的童年是不是非常特别？老师韦伯在40岁离开人世的时候，文学少年瓦格纳以老师的作品《欧丽安特》为题材，写了一首送葬曲送给老师，本以为他会这样重新走上作曲之路，然而，现在离他想成为音乐家还差得很远。

就在此时，瓦格纳全家搬到了亲戚所在的城市布拉格，在布拉格生活的堂亲中，有一位是瓦格纳曾经疯狂喜欢过的歌德的学生，知道此事后，瓦格纳开始追着这位堂亲跑，大量阅读并写文章，又重新燃起了对文学的热情。这个时期，他创作了5部戏剧，其中讲述的都是关于幽灵、恶魔、杀人等暗黑的内容。如果青少年时期的子女写一些这种题材的文章，你作为父母会怎么做？如果是我，虽然会有些担心孩子的心理是不是处于不安之中，但也会对他极富创意地写出5部长戏剧大加称赞。然而，瓦格纳的叔叔是一个认识不到孩子才华的普通大人，所以他狠狠训斥了瓦格纳一顿："让你学的你不好好学，净写一些奇怪的东西！"庆幸的是，瓦格纳也是一个不轻易屈服于大人唠叨的普通青年，他并没有向叔叔妥协，依然继续写着文章。

繁荣"新音乐"的大作曲家之开端

那么，瓦格纳到底是什么时候开始音乐创作的呢？原本正在培养戏剧家之梦的瓦格纳，如同宿命般，偶然听到了贝多芬的《费德里奥序曲》，瓦格纳实在太喜欢这首曲子了，他曾在自己的自传里高度赞扬了《费德里奥序曲》和贝多芬，甚至说他是"我的大英雄"。贝多芬音乐里的黑暗元素、满含爆发力的音乐感，以及他战胜听力障碍，留下诸多世界名曲的事迹等，足以动摇一直以来都憧憬着英勇神话故事的少年的心。贝多芬受到各种文学的影响，所以他写的曲子也正好能触动文学少年的心弦。感触颇深的瓦格纳决心成为一位以文学为基础的作曲家。

终于下定决心成为音乐家的瓦格纳开始自学作曲，不过很快他就感到了局限性，于是开始去找音乐家学习。大多数的作曲家都是跟着著名的音乐家学习的，但瓦格纳相反，他的启蒙老师不是名人，也不擅长作曲。不过，瓦格纳凭借比老师更优秀的实力和才华，18岁考入了莱比锡大学。

成为音乐系学生的瓦格纳开始爱上了作曲，这个时期他写的曲子都非常独特。当时在音乐界，贝多芬留下的古典时代后期氛围已经退却，完全过渡到了德国浪漫主义时代，音乐以浪漫主义特有的华丽旋律和丰富多彩的管弦乐为主。但是瓦格纳第一次发表的交响曲中，让小鼓出场，将节奏分开，完全改变了旋律的发展方式，给人以完全不同的感受。如果是现在，我们会欣然接受，"哇！这个作曲家很开明，也富有独创性。"但是在当时却被当作异类，遭到无视。

尽管如此，瓦格纳毫不在意流行趋势和大众的批判，他在自己的曲子中进行了各种各样的尝试。作为一名作曲学徒，这种尝试非常潇洒和伟大，不过瓦格纳本人只将这个时期写的曲子看作习作，并不认可为作品。

推荐曲目02：《汤豪舍》序曲

瓦格纳的序曲中最著名的作品。序曲是指歌剧演出前，帷幕降落状态下管弦乐团演奏的曲子。歌剧《汤豪舍》序曲由三段构成，其中雄壮的铜管乐器演奏让人印象深刻。序曲里的主旋律在《朝圣者的合唱》中也出现过。

浪漫时代　237

历经28年完成的歌剧

接下来，让我们正式了解一下，瓦格纳究竟留下了一些什么曲子。说到歌剧，大家会想到哪些作曲家呢？如果你想到的是《波希米亚人》《蝴蝶夫人》的作者普契尼，《阿依达》《茶花女》的作者威尔第，或者《卡门》的作者比才，那你一定对歌剧很感兴趣。如果你喜欢的是大众口味，那可能会想到《魔笛》的作者莫扎特。而瓦格纳也在歌剧历史上留下了浓墨重彩的一笔，和普契尼、威尔第一起，被评为"世界三大歌剧作曲家"。他的代表作有《漂泊的荷兰人》《汤豪舍》《罗恩格林》《特里斯坦与伊索尔德》《尼伯龙根的戒指》[3]等。

瓦格纳与其他作曲家不同，他在剧本编写方面也才华出众，所以歌剧剧本大多数都是作者本人亲自撰写的。他在策划和演出方面要求极高，所以上演一部歌剧往往需要投入大量心血，与其他作曲家相比，从创作作品到搬上舞台，他需要花费的时间尤其多。其中，创作用时最长的歌剧就是《尼伯龙根的戒指》。

《尼伯龙根的戒指》是从北欧神话中得到灵感创作而成的歌剧，作曲和剧本全都由瓦格纳本人所作，这部作品足足

---

3 也称为《尼伯龙的戒指》。

历经了 28 年才完成。制作时间如此之长，所以曲子的长度也非同小可，总共由 4 部构成，一部时长超过 3 小时，所以要演奏完整部歌剧，大约需要 13 小时。《尼伯龙根的戒指》各部分别是《莱因的黄金》《女武神》《齐格弗里德》《诸神的黄昏》，在演出时通常只演一部，或者每天演一部，足足需要 4 天才能演完。

一般来说，如果演出时间很长，无论是演奏的管弦乐团，还是长时间保持坐姿的观众都会感到疲倦，而且《尼龙伯根的戒指》是歌剧，歌剧的主角当然就是声乐家，必须连续歌唱 13 小时，该有多辛苦啊。由于演出周期变长，经常出场的角色无法连续出演，所以在一场演出完后会给予休息到下一场的时间，或者干脆一个角色挑选出两名演员，中途更换演员，以保护演员的体力和喉咙。我们一起欣赏一下承载了瓦格纳 28 年心血的曲子吧？

推荐曲目03：《女武神的骑行》

《女武神的骑行》宣告了《尼伯龙根的戒指》第二部《女武神》的开始。这首曲子和《婚礼大合唱》一起，被选为瓦格纳最著名的曲子，尤其是被运用在电影《现代启示录》中之后，这首曲子就经常被用作与战争相关节目的背景音乐。女武神是战争女神的意思，"骑行"是由骑马的"骑"和行进的"行"组合而成的，意思是骑马行进。

著名作曲家和著名的女演员结婚了

故事讲到这里，是不是有人已经开始好奇瓦格纳的恋爱史和婚姻故事了？瓦格纳的恋爱史非常有趣，他喜欢剧团女演员是出了名的，他喜欢与自己年龄相差很大的女性，比如比自己大很多的大姐姐，或者刚满20岁的妙龄少女。瓦格纳似乎比较缺爱，为了用恋爱填补这种缺失，他不仅脚踏两条船，和有夫之妇幽会，还毫无负罪感，所以据说他和很多女性都交往过。

瓦格纳总共结过两次婚。第一任夫人是我们常唤作"敏娜"的女演员克利斯蒂内·威廉敏娜·普兰娜，她比瓦格纳大4岁。当时敏娜是正当红的女演员，而瓦格纳则是一个崭露头角的贫寒音乐家。也许正因如此，即便瓦格纳对她很着迷，但敏娜却非常傲慢，一直拒绝他，瓦格纳一来见她，她就立刻消失得踪影全无，如果瓦格纳对她深情告白，她就将其他男人带到自己的酒店房间，以此来拒绝瓦格纳。都拒绝到了这种程度了，一般人都会心灰意冷，但瓦格纳却越挫越勇，并没有停止示爱。不知道是不是被瓦格纳的爱和意志所感动，终于两人于一年后订了婚，再一年后就结婚了，但是……

两人虽然结婚了，但是从订婚到结婚这短短一年的时间里也发生了很多事情，或者说是事故。当时敏娜的人气正如

日中天，所以即使有瓦格纳在她身边，追求她的男人还是特别多。变得敏感的瓦格纳开始怀疑敏娜，总是发火，而敏娜却非常享受瓦格纳的嫉妒，她并没有和其他人划清界限。在这段火热而激烈的爱情故事里还有一件很有趣的事情，那就是两人刚开始都被对方的年龄骗了。前面说过，敏娜比瓦格纳大4岁，但是一开始她就将自己的年龄说小了4岁，而瓦格纳却将自己的年龄说大了1岁，所以，恋爱初期他们一直以为瓦格纳比较大，他们的恋爱始于搞笑的欺骗。

敏娜

恋爱中出现了各种问题，不断重复地争吵让敏娜感到厌烦，她什么也没说就突然离开了瓦格纳。盛怒之下的瓦格纳甚至宣称"自己再也不想见到这个女人了。"但是没过多久，瓦格纳又再次被敏娜迷住了，装作无可奈何的样子原谅了她，两人终于结婚了。不过据说两人的婚姻生活也争吵不断，因为两人都太会说了，一旦开始吵架，任何人都劝不住。而且这对小夫妻还有一个共同点，那就是生活奢侈，花销要远远超过收入，自然债务也就如滚雪球般越来越多，因此，追债人经常等在他们家门口要账，这种画面对于刚刚成家的新婚夫妇来说，不是很开心吧？

浪漫时代 241

因为瓦格纳经常要去各个国家演出,敏娜有时候会跟着一起去,有时候也会分开生活,两人维持着一段充满了不和谐的婚姻生活。就在这个时候,瓦格纳出轨了。对象是一个名叫玛蒂尔德·魏森冬克的女性,是德国诗人、作家。这段不伦之恋的女主人公玛蒂尔德也有自己的家庭,她的丈夫奥托·魏森冬克是瑞士富商,甚至还是瓦格纳的资助人,特别喜欢瓦格纳的音乐,就这样,瓦格纳和资助人的妻子出轨了。

玛蒂尔德·魏森冬克

爱上玛蒂尔德,瓦格纳完全忘记了妻子敏娜的存在,他将玛蒂尔德视为自己的缪斯女神,创作了歌剧《特里斯坦与伊索尔德》这部大作。有人说这部歌剧的灵感来源于玛蒂尔德的诗,也有人说玛蒂尔德本身就是灵感。让我们来欣赏一下吧?

推荐曲目04:《爱之死》

《特里斯坦与伊索尔德》讲述的是男女主人公特里斯坦和伊索尔德一起自杀的爱情悲剧。有人认为,这部作品表现了瓦格纳想和玛蒂尔德,而不是第一任夫人敏娜在一起的愿望。《爱之死》是《特里斯坦与伊索尔德》第3幕的曲子,是伊索尔德悲伤时所唱的歌曲。

在这段不伦之恋中，即便两人化身为爱和艺术的主人公，但这也只是暂时的，没过多久，两人的不伦之恋就被敏娜发现了。这么看，感觉敏娜看起来很可怜，但其实在这段婚姻中双方都有过错。敏娜结婚不到一年就和其他男人私奔过，后来又回来了，也就是说，敏娜和瓦格纳都红杏出墙过。敏娜一直相信，瓦格纳最终还是会回来的，但是，她这一次的直觉不同于以往。虽然敏娜不断追问两人的关系，但是瓦格纳却矢口否认，他说玛蒂尔德是一个水性杨花的女人，两人只是工作关系。从这个时候开始，瓦格纳夫妇的关系就彻底进入了冰河期。

夫妇分居近10年，不过最后，瓦格纳还是向敏娜求和了。但是合居没多久，又发生了一件事。玛蒂尔德为了挑拨两人的关系，给瓦格纳的家里寄去了一封任谁看都像出轨证据的信，而且这封信被敏娜看到了，读了信后敏娜彻底崩溃了，她向瓦格纳提出了离婚，两人至此彻底分开。离开原配妻子后，本以为瓦格纳会和玛蒂尔德结婚，但没想到两人没多久也决裂了，至此，他们的这段爱情也算画上了句号。

爱上李斯特的女儿

和敏娜离婚后，瓦格纳开始和各式女子交往，到处漂泊，

浪漫时代　243

就在此时，他再一次深深爱上了一个人。瓦格纳曾经积极参加1849年爆发的德国革命，也因此被通缉，成为逃亡者。这时他得到了作曲家兼钢琴家李斯特的帮助，藏到了他的家里，在那里他爱上了李斯特的二女儿。

如果这次谈的是一段寻常恋爱那就好了，但这次的恋爱也有很多问题，因为李斯特的二女儿柯西玛此时已经结婚6年了，是一个有夫之妇，柯西玛的丈夫是李斯特的学生，一个名叫汉斯·冯·彪罗[4]的指挥家。难道柯西玛是因为李斯特的巨大影响力，所以小小年纪就结婚了吗？

虽然夫妻俩已经生育了两个孩子，但是两人之间并没有爱情。婚姻生活寡淡乏味的柯西玛，瞬间被比自己大24岁的瓦格纳迷住了。瓦格纳和柯西玛开始明目张胆地谈起了不伦之恋，虽然汉斯很早就察觉了，但他仍然装作不知情，完全没表现出任何异样。

就在这段时间，柯西玛在没和丈夫分开的情况下，生下了瓦格纳的女儿。瓦格纳从自己的曲子里选取了"伊索尔德"作为女儿的名字。让我们在此稍微回顾一下，歌剧《特里斯坦与伊索尔德》不是以第一段婚姻中的出轨对象玛蒂尔德为灵感创作的吗？却给自己另一个不伦恋人柯西玛所生的女儿

---

[4] 汉斯·冯·彪罗是德国钢琴演奏家兼指挥家，25岁时已经作为指挥家在欧洲具有了极高的声望。他精准的指挥对后来的指挥法产生了巨大影响，被看作是最早的近代职业指挥家。

取名伊索尔德！更荒唐的是，柯西玛的丈夫汉斯明明知道这不是自己的女儿，还若无其事地将伊索尔德上到了自己的户籍上。难道这种事情只有我表示无法理解吗？瓦格纳和柯西玛想尽快组建家庭，但是汉斯不予离婚，而且李斯特也大力反对，所以两人的结合也是经历了重重困难。虽然两人为结婚花了很长时间，但是最终还是成功了。

瓦格纳和柯西玛

虽然这段恋爱和婚姻非常不同寻常，但如果只就音乐而论，柯西玛确实对瓦格纳的创作活动产生了巨大的影响，对于他成为著名的作曲家功不可没。世界性音乐庆典"拜罗伊特音乐节"是一个只演奏瓦格纳的歌剧的音乐节，这个音乐节延续至今，在德国是一项非常受欢迎的活动。而让这个音乐节繁荣起来，柯西玛的努力可以说是至关重要的。

"拜罗伊特音乐节"的第一任音乐导演由理查德·瓦格纳本人担任，从第2届到第6届，担任音乐导演的人是瓦格纳的妻子、儿子、儿媳、孙子、孙女，瓦格纳家族的人将音乐节当作家族事业传承了下来。

因为瓦格纳比柯西玛大24岁，所以他比妻子去世得早

浪漫时代　245

很多。丈夫去世的打击让柯西玛非常痛苦，她很长一段时间都没走出家门。但是为了解决瓦格纳留下的债务问题，负担起家里的生计，柯西玛不得不担任起"拜罗伊特音乐节"的第二代导演。幸好，音乐节非常精彩且成功，也解决了家里的经济难题。柯西玛在长达 24 年的时间里，为瓦格纳的歌剧和音乐节费尽了心血。这么来看，虽然两人的爱情刚开始有些荒唐，但是最终的结果却对瓦格纳和他的作品产生了巨大影响。

幼稚却激烈的吵架，瓦格纳对勃拉姆斯

瓦格纳和很多艺术家都有交情，彼此也会就作品进行讨论和评价。与他交情较深的音乐家有李斯特、舒曼夫妇等，与哲学家尼采和叔本华也关系密切，不过，周围讨厌瓦格纳的人也很多。和瓦格纳为敌的人中，最具代表性的人物就是之前介绍过的约翰内斯·勃拉姆斯。

两人最初也去看过彼此的演出，还夸赞过对方的音乐才华，但关系平平。然而，有一天瓦格纳看了勃拉姆斯的演出后，却苛刻地评价勃拉姆斯是"无法摆脱固定框架的人"，之后两人的关系就此破裂。虽然两人生活在同一时代，还都是德国作曲家，但两人的音乐风格却完全不同。

瓦格纳常在古典主义和浪漫主义之间来回切换，他会毫不犹豫地做各种被称为"新音乐"的尝试，即使是在浪漫派中，他也常被称作"革新者"和"进步主义者"。反之，勃拉姆斯是一个比较保守的作曲家，他继承着贝多芬的感性，热衷于创作浪漫风格的曲子。这样取向不同的两人发生争执后，欧洲音乐界也被分成了"瓦格纳派"和"勃拉姆斯派"，形成了相互对峙的局面。这两个派别不仅讨厌彼此，甚至还开始折磨对方派别的音乐家，这种派别之争持续了很长一段时间。

其实，音乐家在音乐上给予和接受批评是很常见的事情，好的批评反而能帮助音乐家成长，但是这两人不仅在音乐领域给予恶评，甚至幼稚到攻击对方的私生活，以此来激怒对方。勃拉姆斯认为瓦格纳交往过这么多女性，很有问题，他将这些故事告诉了著名评论家汉斯利克，想让瓦格纳复杂的恋爱史传遍整个欧洲。瓦格纳也一样，他曾隐晦提及，勃拉姆斯没能结婚，一直保持单身，全都是因为他的性功能有问题，到处散布勃拉姆斯"天阉之说"。因为这些事情，两人的关系越来越差，直至再也无法挽回。

除了勃拉姆斯，瓦格纳和音乐界的富二代门德尔松的关系也不好，与同龄的歌剧作曲家威尔第也一直保持竞争关系，因此，瓦格纳在评论家那里得到了"虽然在音乐领域拥有伟大的成就，但是本人性格小气又小心眼"的评价。

希特勒爱着的男子

提到瓦格纳，他身上贴的修饰词还有一个，那就是"反犹太主义"。瓦格纳怎么会成为一个反犹太主义者呢？人们对此有很多假设，这里我将给大家介绍几种比较可信的说法。首先，瓦格纳很晚才开始学习音乐，经济上十分贫穷，但是他又是一个生活奢侈的人，所以经常借高利贷，而这些债主大部分是犹太人，为了催促他还债，债主甚至去他的婚房门口闹过，到处追着瓦格纳还钱，于是瓦格纳就形成了犹太人很恶毒的偏见。

贫穷的瓦格纳还向富有的音乐家梅耶贝尔寻求过帮助，但是被求助的梅耶贝尔将瓦格纳羞辱了一番，干脆利落地拒绝了他的请求。因为梅耶贝尔也是一个犹太人，所以瓦格纳对犹太人的印象就更差了。当然，生活困难的瓦格纳也曾得到过犹太人罗索夫妇的照顾，但是他却在这个时候勾引了罗索夫人，之后他被丈夫抓住，挨了一枪，差点儿为此丧命，此后，他对犹太人的憎恶更是达到了顶点。

也许是因为心理扭曲，瓦格纳的作品处处都表露出反犹太主义的色彩。反犹太主义这种思想本身就是有着憎恶感情的种族歧视思想，在现在这种思想是无法被原谅的，无论你的作品多么优秀。但是他的粉丝却坚持称他不是反犹太主义者，明目张胆地偏袒他。但是他的歌剧《尼伯龙根的戒指》和《罗恩格林》中隐隐流露出德国人的优越感，所以我觉得，这一点是很难否认的。无论如何，即便瓦格纳不是怀着某种意图写的曲子，但后来随着希特勒对他的作品大加称赞，这个问题就变得更严重了。

阿道夫·希特勒在瓦格纳去世6年后，也就是1889年出生，所以两人并没有过直接交流，但是希特勒却被瓦格纳的《尼伯龙根的戒指》和《罗恩格林》迷住了，将瓦格纳视为英雄，并且在纳粹主义中植入他的音乐。纳粹集会总是以瓦格纳的歌剧《纽伦堡的名歌手》序曲开始，而且希特勒行进的时候也会演奏瓦格纳的曲子，甚至将纳粹的第二党歌定作《齐格弗里德牧歌》，在奥斯维辛集中营屠杀数百万犹太人时放的也是瓦格纳的歌剧《汤豪舍》第3幕的曲子《朝圣者的合唱》。正因如此，以色列至今还禁止演奏瓦格纳的曲子。

据说，世界性指挥家祖宾·梅塔在1981年结束与以色列爱乐乐团的演出后，以重奏曲的形式演奏了《特里斯坦与伊索尔德》的序曲，结果遭到各种奚落，差点儿被赶下舞台。另外，虽然是犹太人，但却高度认可瓦格纳的音乐才华的指挥家巴伦博伊姆，曾正式提出了想在 2001 年以色列的某场庆典上演奏瓦格纳乐曲的请求，结果也遭到了拒绝。但是巴伦博伊姆并没有放弃，他在重演的时候突然演奏了《特里斯坦与伊索尔德》的序曲，最终遭到了以色列国民的大加指责，以色列政府也要求巴伦博伊姆向民众正式道歉，他却回答道："抵制特定的某种音乐也是反民族主义的暴行。"他拒绝道歉，由此引发了民众更大的不满。

虽然瓦格纳的音乐被用在希特勒的纳粹主义中，并不是他本人的意志，但对于犹太人来说，瓦格纳的音乐无异于在他们的伤口上撒盐。这些小插曲让我想起了"艺术的边界"这个词。不过，"艺术"之名下所有的东西，都能视为表达的自由，能被接受和认可吗？

有这么一句话："艺术应该只以艺术来论。"对艺术家来说，必须保障其表达的自由，能将作品中包含的意义剥离出去，仅作为一件作品被看见和接受。但是，文化和艺术具有非常大的影响力，即便不诉诸武力，也能轻易改变一个人或一个人的思想，所以艺术有时候也会变得暴力，可以轻易伤到别人。那么，这种表达的自由应该保障到哪里，管控到哪种程度呢？我们能清楚地划出界线吗？

突然想起了几年前网传的"弘大日佳雕像事件"[5]，虽然

---

5 2016年5月30日，弘益大学正门安放了一尊代表日佳储藏所的手指雕像。因为这个事件，引发了人们对于艺术的自律性，或者说表达的自由性是否能成为所有事情的免罪符的讨论。

引发了众怒，最终以打碎雕像、毁损造型的学生被警察抓捕结束，但是这也成了一根导火索，引发了人们从各个方面对"表达自由"的思考。

我认为，如果要承认艺术家的"表达自由"，那同时也要保障大众"共鸣的自由"。瓦格纳的《朝圣者的合唱》可以搬上舞台，可以制作出让很多人厌恶的雕像，但是这个舞台没有理由必须是全体国民拒绝瓦格纳的以色列剧场，就像不应该是人来人往必经的弘大校门一样。

推荐曲目05：《朝圣者的合唱》

《汤豪舍》讲述的是被魔女诱惑的骑士汤豪舍，通过一位名叫伊丽莎白的女子的爱和死亡，得到灵魂救赎的故事。《朝圣者的合唱》是《汤豪舍》第3幕第1乐章中出现的合唱曲，由在罗马结束朝圣后归来的朝圣者所唱，可以听到庄严的男声合唱歌曲。因为希特勒将这首音乐放在煽动纳粹或屠杀犹太人之中，所以这部作品的评价好恶参半。

至死债务缠身的浪子

晚年的瓦格纳开始专注于策划"拜罗伊特音乐节"，第一届音乐节有包括尼采和俾斯麦宰相在内的众多名人参加，取得了非常大的成功，但是收回的利润却比不上投入资金，

浪漫时代

瓦格纳因此背上了债务。于是，他们不得不继续搬家，搬到能挣到哪怕一丁点儿钱的地方去生活。也许是因为巨大的压力，最终瓦格纳在经历了长期的心脏疼痛之后，死于心脏痉挛，并且留下了巨额债务。即使饱受疾病折磨，据说他还一直在作曲，就连去世当天仍在写文章，在他能创作的所有时间里，可谓是尽了最大努力。

那么，你觉得瓦格纳如何呢？这么多作曲家中，瓦格纳留下的故事尤其多，那是因为他十分善于社交，所以和诸多名人都交好，但发生争吵的人也很多。而且，瓦格纳的文笔非常好，他经常将自己的想法或哲学见解等投稿到各处，甚至还出版了自传，这也是他能留下大量资料的原因之一。

瓦格纳的故事给我们抛出了这样一个问题："我们究竟能包容艺术到什么地步？"就算看了恐怖片，也不是所有人都会去杀人；即使喜欢犯罪小说，也不意味着就会成为潜在的罪犯因素。但是，即使一部作品给某个人，或者某个特定团体造成了巨大的伤害，那也要因为它是艺术而给予充分的包容吗？

我们应该承认其本质是艺术，接受它是一种表达的自由吗？当然，虽然曲子被纳粹运用并不是已经去世的瓦格纳的本意，但现在我们究竟应该以什么样的态度来欣赏瓦格纳的音乐才比较合适呢？

今天，我特别想知道大家是怎么想的。最后，我将以一首瓦格纳的代表歌剧《漂泊的荷兰人》的序曲，结束本篇故事。

推荐曲目06：《漂泊的荷兰人》序曲

《漂泊的荷兰人》是以因无法停泊，不得不继续在海上航行的北欧传说为原型创作的歌剧，序曲中暴风雨和海浪、永远的诅咒等要素一一戏剧性地登场。强劲而快速的颤音（让音或和声快速而有规律抖动的演奏方法）是其特征之一。

第4乐章

印象主义时代

14 德彪西
15 拉威尔

印象主义时代

印象主义发源于19世纪末的艺术之都法国。浪漫时代以触动人的情感的感性音乐为主,而印象主义则始于对传统音乐和明确的旋律进展的回避。

为了更好地对印象主义音乐进行说明,我们需要参考一下美术史,因为所有的艺术其实都有着相同的思潮,所以看印象主义的美术作品,能更清楚地了解这个时代的特征。之所以提起美术史,是因为通过欣赏画作,能很快理解印象主义的特征。

让我们先来看一看印象主义美术的代表性人物莫奈、马奈、雷诺阿。如果在网络上搜索他们的名字,能看到他们作品的线条模糊,氛围感梦幻,色彩就如同被光晕染过一样,而且题材多为描绘大自然的。

《日出·印象》,克劳德·莫奈,1872

音乐也是相似的步调。如果说上一个时代的音乐思潮有着清晰的起承转折,那么印象主义的音乐大多结尾是含糊不清的。此外,音阶也不再是 do re mi fa sol la si,而是只使用其中的5个。比起乐曲的发展方向和技巧,更加重视曲子整体营造的氛围感,所以当你欣赏印象主义音乐的时候,会有一种朦胧的奇妙感。

　　本章将给大家介绍的印象主义作曲家是德彪西和拉威尔。在阅读这些故事的时候，请一定要一边欣赏音乐，一边感受印象主义音乐梦幻般的氛围。另外，如果你能关注一下这两位印象主义的代表性人物之间的关系，可能就会发现一些有趣的事情。现在，让我们朝着艺术之都巴黎出发吧？

拉威尔　　德彪西
1875-1937　1862-1918

14

音乐史上有名的花花公子，印象主义第一人

德彪西

阿希尔·克劳德·德彪西

音乐也好，爱情也好，都是印象派的！
爱上妻子的朋友，
也喜欢有夫之妇！

罗马大奖有什么了不起的，我轻轻松松就能得到。

#月光 #获得罗马大奖 #爱会转移

加布里埃尔 什么？你居然和我的朋友！德彪西你这个坏家伙。
#背叛者 #我要去死

泰克希尔 你居然背叛了我！德彪西你这个坏家伙。
#我要去死 #加布里埃尔，对不起

艾玛 女儿在等你，快点回来吧。
#克劳德·艾玛 #百万富翁

🎵 推荐曲目

01.《月光》
02.《牧神午后前奏曲》
03.《大海》
04.《欢乐岛》
05.《为钢琴而作的组曲》

克服重重困难开始学习音乐

阿希尔·克劳德·德彪西、莫里斯·拉威尔和加布里埃尔·福雷，被称为印象主义代表性作曲家。1862年8月22日，德彪西出生于法国，比经常和他比较的拉威尔大13岁。拉威尔出身于一个热爱音乐的家庭，自小就在父母的支持下开始学习音乐。而德彪西虽然也很早就开始学习音乐，但是家庭环境不好，没能得到太多支持。德彪西兄弟姐妹共5人，他是长子，幼年时家庭突然败落，之后随着普法战争的爆发，他们无法在一个地方安家，不得不四处漂泊、避难。

战争之类的外部环境让他的生活动荡不安，这种环境下自然很难抓住成长为艺术家的机会，因为所有的关注点都放在生计上。德彪西差点儿因为战争从音乐史上消失，但不幸中的万幸，他在夏纳的姑姑家寄住时，德彪西的姑姑很快发现了小侄子的音乐天赋，因此，德彪西才能从7岁开始学习钢琴课程。

大多数著名作曲家都是从四五岁开始学习音乐的，所以7岁可以说有点儿晚了，不过据说德彪西学习音乐的速度异于常人，7岁开始学习音乐，11岁就能进入巴黎音乐学院学习。想一想我11岁时，好像还在玩泥巴……德彪西各方面都很了不起吧？

德彪西在古典音乐界自然也是非常著名的人物，这自不用说，但是和贝多芬或莫扎特这样大众所熟知的作曲家相比，还是相对平庸。所以，在正式走进德彪西的人生之前，我将给大家介绍一首德彪西的代表作，这是一首能切实感受到印象主义的朦胧感和梦幻感的曲子。

推荐曲目01：《月光》

创作于1890年，德彪西的代表作，是其创作初期所作的《贝加莫组曲》中的第三首曲子。这是一首抒情旋律非常突出的作品，被用作很多电影和动画片的配乐。很多人只知道这是一首钢琴曲，但它还有管弦乐版本。

巴黎音乐学院的捣蛋鬼

德彪西（马赛尔·巴谢绘）

艺术英才们就读专业学院后，通常不太喜欢正规的教育，经常和老师唱反调。因为学校是一个有规章制度的场所，在这里，比起保障个人的艺术自由，重点更多放在研究各种各样的学问上。但如果站在音乐学生们的角度，他们感觉自己的音乐才华和随心意自主作曲的自由被限制了。因为在学校，自由的艺术灵魂经常会被往后放，必须先学习看起来非常无聊的理论和声学、各思潮的音乐特征、乐曲分析等。所以，这种与个人需求不相符的教育环境，导致很多英才经常不能融入学校这个大环境。德彪西也一样，小小的年纪就很有天分的他，在巴黎音乐学院也是一个"捣蛋鬼"。

有人喜欢接触学术方面的知识，学习各种各样的艺术门类，反之，就有人觉得与自己的艺术天性相冲突而心生不喜，德彪西就属于后者。每次听课的时候，他都觉得自己的艺术天性被压制了，所以不仅讨厌上课，甚至还进行了反抗。在理论课上，他不按老师的要求进行分析，而是分析起自己创作的和声，让老师措手不及，他还将老师给的共同课题的曲子故意写得奇奇怪怪，以此来激怒老师。

印象主义时代

德彪西获得当时最具权威的罗马大奖[1]的过程也很不同寻常，这一点在拉威尔的故事中会进行更详细的说明。德彪西第一年得了二等奖，就在他准备再次挑战的时候，却听到教授这样评价他："如果总这样随心所欲地胡乱作曲，下次别说一等奖了，他连二等奖都得不到。"于是德彪西冷笑道："行，那我就按照教授的风格作曲并提交上去。"之后真的得了一等奖，也就是说，德彪西暂时收敛了自己的艺术天性，写出符合古板评委们喜好的曲子得到了大奖。这件事在证明了德彪西能写出很多不同风格的曲子的同时，也讽刺了被很多人质疑评审公正性的罗马大奖，让人心情舒畅。

借此机会，我要给大家再介绍一首曲子，是德彪西创作的交响诗《牧神午后前奏曲》。

推荐曲目02：《牧神午后前奏曲》

这是推开了印象主义大门的德彪西的杰作。法国象征主义诗人马拉美的诗《牧神午后》里希腊神话中的"牧神"是半人半兽的形象，这首诗讲述了喜欢上水仙的牧神分不清梦境与现实，在寻找仙女的途中迷路的故事，德彪西以这首诗为原型创作了印象主义风格的交响诗。

---

1 法国授予最有才华的艺术学生的奖项，涉及绘画、雕刻、建筑、音乐等领域。

《牧神午后前奏曲》，曲名怎么是这样的？

第一次看到曲名的时候，是不是感到很奇怪，《牧神午后前奏曲》是什么名字，这么奇怪？我第一次听到这个名字的时候，也觉得很疑惑，想着"牧神午后"到底是什么意思？其实，这个标题之所以如此晦涩，是由翻译造成的。

这首曲子是交响诗，由单一乐章构成。交响诗主要以诗歌或小说等文学作品为原型进行创作，所以很多时候文学作品的标题会直接成为曲子的名称。《牧神午后前奏曲》也是以法国象征主义诗人马拉美的《牧神午后》为原型创作的前奏曲，英文单词是 prelude（前奏曲），而原作诗歌的题目用英文来写就是 Afternoon of a Faum（牧神的午后），加上前奏曲就是 Prelude to Afternoon of a Faum。这里如果 to 和 of 两个都翻译出来，格助词会有点儿奇怪，所以翻译成《牧神午后前奏曲》也许会更简洁。

法国有名的花花公子！《爱情与战争》古典音乐篇

拉威尔作为双性恋者和不婚主义者，一辈子都是单身，德彪西则与之完全相反，他在音乐史上以花心而闻名。不过，虽然有着花花公子的绰号，但他实际上只结过两次婚。但问

印象主义时代 265

题是，他在婚姻中曾数次出轨。德彪西不挑爱人，无论对方是有夫之妇，还是自己的学生，甚至学生的母亲，但凡有一点儿符合自己的喜好，就会立刻爱上她。

《牧神午后前奏曲》也是他献给曾经的爱人加布里埃尔的曲子。献给爱人的曲子，听上去很浪漫，但其实，加布里埃尔是一位贵族的情妇。德彪西和加布里埃尔在幽会时被贵族发现了，两人不得不私奔。如此热烈地爱着彼此，如果能一直这么生活下去也好，但是德彪西浪荡公子的本性拆散了他们。德彪西在与加布里埃尔交往的同时，还在和当红歌手或模特等人幽会。而且他又爱上了一个不该爱的女人，她就是人气时尚模特，加布里埃尔的好友罗莎莉·泰克希尔。

试想一下，加布里埃尔虽然是一个情妇，但能从有钱贵族那里得到资助，原本也过着奢侈的生活，但是她放下一切，奔向了德彪西。结果这个男人却突然爱上了别人，原本到了这个地步，安慰自己，"没错，爱情是会变的……"也不是不能理解。但是，如果出轨的对象是自己的朋友呢？这还能原谅吗？爱人的移情别恋和朋友的背叛，让加布里埃尔伤心不已，她甚至试图自杀，但幸运的是没有成功。而德彪西居然如此厚颜无耻，他不管爱人是否想要自杀，毅然投入了新的恋情，而且还和罗莎莉·泰克希尔结了婚，成为德彪西的第一任夫人。

《神奈川冲浪里》，葛饰北斋绘

据悉，德彪西的代表作《大海》受到了葛饰北斋（日本江户时代的浮世绘画家）的版画的影响，而这首曲子就是和罗莎莉·泰克希尔私奔后，在她娘家所作的。

推荐曲目03：《大海》

这是一部很好地表现了德彪西实力的管弦乐作品，据悉曾受到葛饰北斋版画的影响。作品由3个乐章构成，第1乐章的主题是"海上的黎明到中午"，第2乐章的主题是"波浪的游戏"，第3乐章的主题是"风与海的对话"。

难道说，出轨真的只有零次和无数次之分吗？德彪西在罗莎莉·泰克希尔的娘家创作《大海》的时候，又爱上了另一个女人，这次爱上的女人名叫艾玛·巴尔达克。德彪西在这段恋情中存在两个问题，第一个问题是，这个女子是有夫之妇，第二个问题是，她是德彪西学生的母亲。前文我们刚说过，第一任夫人罗莎莉·泰克希尔是德彪西的前女友加布里埃尔的朋友，而目睹了朋友和爱人出轨的加布里埃尔曾经试图自杀，不知道是不是因果报应，在知道了丈夫出轨艾玛

印象主义时代　267

之后，罗莎莉·泰克希尔也试图自杀，她连做梦都没想到，自己最终会沦落到和自己曾经背叛过的朋友相同的境地。总之，最后艾玛和德彪西双双抛弃各自完好的家庭结了婚。

从这个时候开始，德彪西开始被朋友骂作"没出息的小子"。之前因为他只和模特或演员等美人眉来眼去，所以朋友们对他的批评也只停留在"他是一个迷恋漂亮女人的人"。但是第二任夫人是百万富翁，比德彪西大三岁，而且外貌完全比不上他一直以来交往的那些女人，所以朋友们又开始骂他，"原以为德彪西只是色迷心窍，现在居然还财迷心窍了。"

德彪西和艾玛结婚后终于稳定了下来，过起了幸福的生活。两人结婚没多久，就生下了一个女儿。刚刚介绍的《大海》是在第一任夫人的娘家开始创作的，但却是在和第二任夫人艾玛结婚并生下女儿之后发表的，不得不说这是一首有故事的曲子啊。

德彪西是出了名的"女儿奴"，他取妻子名字中的艾玛和自己名字中的克劳德，给女儿起名为克劳德·艾玛，甚至为女儿创作了钢琴组曲《儿童乐园》。他怀着对第二任夫人和女儿的爱，创作了《欢乐岛》，我们一起听一下，正处于幸福中的作曲家所作的曲子吧。

> **推荐曲目04：《欢乐岛》**
>
> 这首曲子是德彪西于1904年和艾玛·巴尔达克在泽西岛上幽会时修正完成的。从曲名可以得知，这是一首因甜蜜爱情而充满了欢乐的曲子。虽然是一首钢琴独奏曲，但规模宏大，很好地展现了印象主义特有的风格。据说这首曲子是看了法国画家让·安东尼·华托的《乘船赴西德尔岛》后，而得到的灵感。

与罗丹的情人卡米耶·克洛岱尔幽会

德彪西的爱情故事中最有名的是和卡米耶·克洛岱尔的恋情。如果你听到卡米耶·克洛岱尔的名字就连连点头，那你一定是非常懂美术的人！卡米耶·克洛岱尔是《思想者》的作者、法国著名雕塑家奥古斯特·罗丹的学生和灵魂伴侣，出了名的悲剧恋人。罗丹和卡米耶的故事也非常复杂……不过本书不是关于美术史的，所以就略过了。

总之，卡米耶在克服了与罗丹的巨大年龄差并相爱后，倍感痛苦，正打算与其分手之际，遇到了德彪西。学者们对这两个人的关系有"曾经的恋人""只是短暂交往过""单纯的同事关系"这几种主张。不过，德彪西一旦爱上某人，马上就会传得沸沸扬扬，不是吗？不应该没有记录啊！在整理了各种假设后，我想，会不会是卡米耶因为曾经和罗丹这样

印象主义时代

的名人交往而饱受舆论折磨，所以和德彪西的短暂交往中一直很小心，而秘不外宣。

据说两人都给对方的作品提供了许多灵感，甚至有人说，其实卡米耶的雕塑作品《华尔兹》就是以德彪西为原型创作的，她将这个作品送给了德彪西，而且德彪西终生收藏，这也成了两人恋爱说的有力证据。

卡米耶·克洛岱尔

将爱融入音乐的男子

德彪西留下了非常多好音乐，让人提起印象主义音乐，就不由最先想到他，而且他的音乐背后还隐藏着这么多爱情故事。德彪西是一个对爱情非常着迷的男子，他每次换爱人，就会送一首曲子。当然，他虽然是一个花花公子，但也非常善于将爱这种情感升华为艺术。现在仍有许多人喜欢他的音乐，说不定就是因为他的曲子里承载着爱情。

抛开爱情故事不谈，德彪西其实是一个非常敬业的作曲家。德彪西的曲子有很多值得学习的地方，大多数音乐专业的学生会分析和抄写他的曲谱。除了管弦乐曲，小规模室内乐曲和钢琴曲里，也有很多充满魅力的作品。同时代的拉威尔经常因曲倦期（对作曲感到疲倦）消失得无影无踪，发表作品也是断断续续的，但德彪西却非常敬业，他写下了非常多的曲子。

如此努力地过了一辈子，晚年还因直肠癌与疾病斗争了十年，据说去世之前他还在作曲，还召开了作品发布会。对任何事情都充满热情的德彪西，最终于第一次世界大战停战之前，也就是1918年3月25日去世，终年56岁。

德彪西的故事你怎么看？他虽然因为爱情和对音乐的热情而写下了无数名曲，但是也有很多人被他那火热的爱情所伤，所以对于德彪西来说是甜蜜的浪漫史，但对于有些人来说，可能是痛苦的爱情。不过，想一想对恋爱和婚姻非常开放的法国文化，也许可以理解吧……我想。

爱情总会变成各种样子，还会转移，我觉得，爱情中"同时开始，同时结束"非常重要。心动的时候大多是两个人在一起，但结束时经常由单方面斩断关系，对对方非常无礼。也许，爱情中"好好结束"才是最重要的。

德彪西的故事马上就结束了，最后我再给大家介绍一首我最喜欢的德彪西创作的曲子，光听曲名就让我激动不已，那就是《为钢琴而作的组曲》。

推荐曲目05:《为钢琴而作的组曲》

德彪西的《为钢琴而作的组曲》从1894年开始创作,直到1901年才创作完成,这部钢琴组曲包含3首曲子。其中,《序曲》是一首朝气蓬勃的曲子,轻快而急促的音符,持续、反复地重现主旋律,这也是德彪西所作的所有曲子中我最喜欢的一首。

15

我和音乐结婚了,自由的艺术家
拉威尔

莫里斯·拉威尔

> 我只想做自己。
> 不许和德彪西比较！

> 千万别和搞艺术的人结婚。

#波莱罗 #独身主义 #禁止比较

宋纱龃 这篇文章融入了我的灵魂。
#喜欢拉威尔 #宋纱龃最爱

德彪西 你的曲子也不错，别太在意我。
#罗马大奖加油 #大哥请你吃饭

♪ 推荐曲目

01.《波莱罗》
02.《水之嬉戏》
03.《悼念公主的帕凡舞曲》
04.《小提琴和大提琴奏鸣曲》
05.《小奏鸣曲》

伟大的旋律　18位传奇古典音乐家趣谈

我最喜欢的作曲家拉威尔！居然和赵成珍是同门？

拉威尔

莫里斯·拉威尔出生于法国，是印象主义代表性作曲家，也是我经常带着私心介绍的我最喜欢的作曲家。拉威尔出生于1875年3月7日，父亲是瑞士人，母亲是巴斯克人。他的成长背景和前文介绍过的大多数作曲家一样，"父母对音乐有非常浓厚的兴趣，6岁之前就接触了钢琴和音乐理论，自小受到无数人称赞，顺利地成为一名音乐专业的学生。"大多数都是如此。

音乐学习开始得一帆风顺，拉威尔在14岁时就进入了巴黎音乐学院，这是法国历史最悠久的音乐学院，柏辽兹、比才、德彪西、圣桑等，几乎所有的法国著名作曲家都就读过这所学院，也是韩国人最引以为傲的钢琴家赵成珍就读的学院。总之，巴黎音乐学院是入学难，毕业更难的名校。拉威尔这么小就进入了这所学院，接受加布里埃尔·福雷的教导。

其实，如果不是古典音乐爱好者，肯定有人知道莫扎特、贝多芬，却不知道拉威尔。不过，有很多作曲家虽然不熟悉，但如果听到他们所作的曲子，却总能发现似乎在哪儿听到过，拉威尔就是这样的作曲家。电视剧或动画片中经常出现的《波莱罗》，就是拉威尔所作的曲子。

管弦乐法大师

如果让古典音乐专业人士挑选一个提起拉威尔就能想到的词，或许大多数人会选"管弦乐法"。那么，管弦乐法是什么呢？所谓管弦乐法，简单来说，可以理解为掌控管弦乐团演奏方向的方法。如果要解释得更专业一些，那就是作曲的时候，确定管弦乐团的整体部署和构成的方法。具体来说，管弦乐法就是确定好哪个乐器群演奏主旋律，旋律部署在哪里，以及旋律如何发展，接下来移交给哪个乐器群，和哪个乐器群交换等。我记得，我上大学的时候总是随身带着拉威尔的管弦乐团总谱认真学习。

拉威尔的代表作《波莱罗》也是作曲专业学生学习管弦乐法时经常看的优秀示例曲。虽然旋律简单，而且是不断重复的形式，但其中会逐步加入乐器，使之融合在一起，以此来持续改变音乐风格，是一首非常有趣的曲子。大家也可以欣赏一下这首曲子，找出加入哪种乐器的段落你最喜欢。

推荐曲目01：《波莱罗》

"波莱罗"是一种西班牙舞曲。拉威尔的《波莱罗》是受芭蕾舞女演员鲁宾斯坦委托所创作的。从长笛独奏开始，渐渐加入新的乐器，能够清楚地感受到管弦乐变得越来越雄壮。有人开玩笑说，用《波莱罗》可以区分出生年代，如果听到《波莱罗》最先想到的是动漫作品《数码宝贝》，那就是21世纪之前出生的人，如果最先想到的是电视剧《天空之城》，那就是21世纪以后出生的人。这首曲子也被用在电影《密探》中。

《波莱罗》背后的两个故事

如果你看过管弦乐团演出，就会看到在最后一章演奏结束后，观众鼓掌喝彩的时候，指挥者会将特定的演奏者扶起来，此时站起来的演奏者是有独奏部分，或者演奏了较难段落，功劳很大的人。通常大多数时候，会让独奏部分比较多的长笛、双簧管之类的木管乐器演奏者，或者让曲子的氛围达到高潮的铜管乐器演奏者最先站起来接受掌声，接着让弦乐部分除乐团团长（第一小提琴首席兼乐团首席）外的小提琴、大提琴首席依次站起来（乐团团长通常最后接受掌声，并担任给指挥或协奏者递花的角色）。那么，有这么多种乐器独奏的《波莱罗》，其中功劳最大的乐器演奏者是哪一位呢？

《波莱罗》比较特别，最先站起来的是小鼓演奏者，其原因是，小鼓从曲子开始到结束一直不停地重复演奏着相同的节奏。要想演奏近15分钟，而且旋律没有一次失误，这并不是一件容易的事情，所以值得被认定为功劳最大吧？

《波莱罗》的小鼓演奏还有一个有趣的秘密。小鼓原本声音就非常大，所以通常并不需要有好几架小鼓，大多数情况是由一名打击乐演奏者单独敲打，但是《波莱罗》却多加了一名演奏者。无论怎么说，身为独自带动曲子节奏的顶梁柱，如果演出中一旦出现失误就会非常明显，演奏者也容易对持续重复同样的节奏感到疲倦，所以经常让两名演奏者轮番演奏。所以，原本在管弦乐团里，打击乐群是坐在最后面的，但是《波莱罗》的小鼓演奏者多数时会坐在指挥者看得清楚，且方便眼神交流的弦乐器附近的位置。

推动印象主义的进程

其实,"印象主义"这个思潮在美术史中更为人们所熟知,因为有很多像马内、莫奈这样大众所熟悉的著名画家。我也喜欢美术,但是几乎不具备什么专业知识,所以只能从普通人的视角来欣赏印象主义画作,经常只能得到一种"模糊"的感觉,线条模糊、色彩朦胧,有时也能感受到作品的梦幻感。

所有艺术思潮都有着相似的进程,印象主义音乐也呈现出与美术相似的形式。拉威尔、德彪西、福雷这些印象主义作曲家们的曲子也经常营造出一种梦幻的氛围。印象主义作曲家们并没有全部使用我们所知的音阶"do re mi fa so la si do",突发奇想,只使用其中的 5 个音阶来作曲(五声音阶),不再是以"do"开始,以"do"结束,明确告知大家曲子开始和结束的基本结构,而是为了让听众分不清是否结束,用一些给人模糊感的音阶来作为曲子的结尾。就像印象主义的这个名字一样,比起曲子的形式和方向,大多数作品更突出曲子给人的印象和氛围感。

我给大家介绍一首拉威尔的作品中,特别容易就能感受到印象主义思潮充满梦幻氛围感的钢琴曲。

推荐曲目02：《水之嬉戏》

这是拉威尔在1901年创作的钢琴独奏曲，也是印象主义色彩突出的作品。它从感性上表达出了水珠滴落、流淌、四处飞溅的感觉。乐谱扉页上写着摘自法国诗人亨利·德·雷尼埃的诗句："给心地善良的水，带来嫣然微笑的河神。"这首曲子是拉威尔献给老师加布里埃尔·福雷的作品。

介绍这首曲子绝对出自我的私心，我之所以喜欢拉威尔，其中有一部分原因是我特别喜欢印象主义的氛围（我也最喜欢印象主义的美术作品）。不过，为什么印象主义没能走得长久呢？又为什么没能越过大本营法国，在全世界流行呢？

其实，最主要的原因就是这个时期爆发了第一次世界大战。虽然我没经历过战争，但也知道，战争中经常会有很多难以想象的残酷与悲情，所以这个时期很多艺术家会停止创作，作家们放下笔，画家们撕碎画布，音乐家们停止弹奏……拉威尔为保卫祖国参了军，在战争中完全没有进行任何音乐创作活动。这个时期，音乐家们无法创作作品，在这样的环境中观众们也无法舒服地观看演出，所以思潮的热度不得不迅速冷却。

拉威尔说："请不要和搞艺术的人结婚。"

各种关于音乐史的书籍上都写过"拉威尔因为战争长期中断音乐活动"的内容，但是在巴黎，还有一个关于他的传闻广泛流传，这个传闻就是，拉威尔在战争时期停止作曲还有其他的原因。拉威尔其实是一个双性恋者，他会积极恋爱，不考虑对方的性别。战争爆发时，拉威尔有一个交往了很久的男朋友，但是他却自愿参军到了与拉威尔不同的部队，于是因为战争而被迫分别的拉威尔，在此事带来的失落感和打击之下，停止了创作活动的传闻开始在巴黎流传开来。

身穿法国军装的拉威尔
照片来源：法国国家图书馆

其实，拉威尔不仅是双性恋者，同时还是一个不婚主义者，更没有孩子。他平时经常说："我已经和音乐'结婚'了。"甚至还留下了"艺术家不适合结婚，因为我们活得不正常。"这样的名言，你也可以认为是疯话。有很多记录表明，拉威尔不结婚是因为他勉强超过150cm的矮小身材，没什么人喜欢他，其实这种说法是错误的。拉威尔虽然个子

喜欢时尚的拉威尔
照片来源：法国国家图书馆

印象主义时代

矮，但却是一个外貌温和，很时尚的男人，再加上性格幽默，极具亲和力，所以无论男女老少都很喜欢他。接下来给大家介绍一首这么受人喜爱的拉威尔在全盛时期创作的曲子，这是拉威尔至今仍受很多人喜欢的代表作。

推荐曲目03：《悼念公主的帕凡舞曲》

帕凡舞曲是16—17世纪流行的宫廷舞曲。《悼念公主的帕凡舞曲》是钢琴独奏曲，据说是联想到西班牙小公主在宫廷里跳帕凡舞的样子而创作的。据传这位小公主是实际存在的人物，也就是西班牙公主玛格丽特。玛格丽特15岁和舅舅结婚（当时为了王权而近亲结婚的现象很普遍），22岁生下第4个孩子后去世。拉威尔在看到巴黎卢浮宫博物馆的《玛格丽特公主的肖像》后得到灵感，创作了这首《悼念公主的帕凡舞曲》。这首曲子用不甚华丽的普通旋律，展现了极度克制的表现力。

如果没有你，我就是第一人

介绍拉威尔的时候有一个不可不提的人物，那就是前文介绍过的阿希尔·克劳德·德彪西。如果细究年龄，德彪西出生于1862年，比拉威尔大13岁，是前辈。他们都是法国人，都在巴黎音乐学院接受过加布里埃尔·福雷的教导，也许是因为这些共同点，两人经常被作为印象主义的代表性人物放在一起比较。

德彪西

其实如果仔细观察，虽然两人被称为"印象主义的双驾马车"，但是德彪西更出名，时至今日，德彪西的人气也更高。这个事实在拉威尔活着的时候，也经常让他感到痛苦。

当时，在欧洲艺术界，今年谁获得"罗马大奖"是非常重要的事。罗马大奖的名字中虽然有"罗马"二字，但却是在法国举办的。法国艺术院每年都会举行竞赛，为绘画、雕刻、建筑、音乐等领域获得第一名的人授予奖项，是非常权威的大奖。拉威尔曾5次落选罗马大奖，几乎每次都会入围，但是最后却都落选。即便在最后一次挑战时，他已经名扬全国，甚至在整个欧洲闻名，但最后还是落选了。于是拉威尔强烈抗议主办方评审不公，最后甚至引发了撼动巴黎音乐学院的事件。

反之，德彪西参加两次就获得了罗马大奖，这让拉威尔更加郁闷，而在压力已经如此大的情况下，"德彪西第二"的标签让拉威尔更为痛苦。德彪西无论是在年龄上，还是音乐造诣上，都是拉威尔的前辈，比拉威尔更先在业内站稳脚跟，取得成功，所以无论拉威尔说了什么，都会有"德彪西第二"的报道出来，困扰拉威尔。不过，据说德彪西其实也曾受到拉威尔很大的影响。说起印象主义钢琴曲，大概都会想到德彪西的曲子，但是这些曲子可以说是从拉威尔的钢琴曲里获得的灵感。

身处同一个时代、同一个行业，如果两人能交好就好了，不过，可能是因为舆论过度营造和宣扬两人竞争的局面，所以两人虽然知道对方，但据说关系却比较尴尬。不过，虽然活着的时候关系别扭，但是德彪西去世后，拉威尔却送了一首曲子给他，表达对他的尊敬。我们来欣赏一下拉威尔献给德彪西的曲子吧！

推荐曲目04：《小提琴和大提琴奏鸣曲》

这是拉威尔为悼念德彪西而作的曲子，被评价为印象主义对位法的杰作。这首曲子模仿了德彪西后期室内乐的特征，给人以简洁而克制的感觉。不过，正因为这种简洁，演奏起来也就更为挑剔和棘手了。

将全部心思献给音乐和艺术的男子，迎来令人惋惜的结局

有在业内亮相后会定期发表新曲，多多创作的作曲家，就有无固定习惯和规划，偶尔发表新曲，然后突然"潜水"，很久后冒出来宣布出新曲的作曲家。如果用这两种风格来划分，拉威尔属于后者，而且属于经常休息不作曲，休息时间

还很长的那种。

除了第一次世界大战时完全停止创作活动，拉威尔还曾经患过长时间的失语症，接受过脑部手术，晚年过得也很辛苦，作曲活动自然也停止了。如果去研究拉威尔的结局，会让人感觉特别凄凉。拉威尔在乘坐出租车的过程中出了交通事故，这次事故的后遗症非常严重，此后他患上了各种并发症。在饱受长期的疾病折磨后，最终于1937年去世，在他生命最后的5年里，几乎无法言语，也认不清人了。

因为没有子嗣，拉威尔所有的著作权全部转移给了他的兄弟。直到2015年，著作权才全部被注销，所以一直到近些年，他的整个家族都因为巨额版权费过着非常富裕的生活。如果去查找相关报道，会发现自拉威尔去世后，一直到2001年，只是产生的版权费就有6300万美元，如果计算出累积到2015年的金额，那该是多么巨大的一笔钱啊？我突然想到了"创意就是财富"这句话。

现在，大家觉得拉威尔的故事怎么样？拉威尔的生活完全就是"自由艺术家"的样本——讨厌被金钱或地位束缚，追求自由，随自己心意尽情恋爱。不过，另一方面，他患上失语症后，过着与世隔绝的生活，只能独自凄凉地迎接死亡，从这一点来看，拉威尔也有些可怜。好在病倒在床之前，他是巴黎潇洒的艺术家，一直生活得比较幸福。写到这里，我

印象主义时代 285

突然想到了哲学家康德的话："人类立足于思维，独自创造出有意义和有价值的事物，因此，真正有道德的人生可以说是实现自身本性——自由之人生。"

每个人活着都有不同的价值观和梦想，但是，我们有时往往不从自己的标准出发，而是以他人的眼光作为标准，来衡量自己是否幸福。在这个故事完结之际，我并不是想告诉大家，"去自由地混日子吧！"但是我希望大家，能稍微学一学拉威尔，搞清楚自己真正想要的是什么，然后向着目标前进。我也想问正在读这个故事的你们，你每天过得自由吗？幸福吗？

最后，以拉威尔的一首《小奏鸣曲》结束本章的故事。

推荐曲目05：《小奏鸣曲》

小奏鸣曲是指规模较小的奏鸣曲。拉威尔为钢琴独奏所作的《小奏鸣曲》，虽然也是由3个乐章构成的，却被认为是内容和技术层面都非常晦涩难懂的曲子。这首曲子同时很好地诠释了古典主义形式和拉威尔的印象主义色彩。

终曲

俄国作曲家"三人组"

16 柴可夫斯基
17 拉赫玛尼诺夫
18 斯特拉文斯基

俄国作曲家"三人组"

本书最后要介绍的人物是俄国作曲家,这个部分没有像前面那样,区分"某某时代",其原因是,这次要介绍的作曲家们并不局限于一个时代。出生于19世纪末的作曲家们并不属于同一个时代、一个思潮,而是呈现多种多样的音乐形态。除了柴可夫斯基完全属于浪漫时代,拉赫玛尼诺夫和斯特拉文斯基都以宽广的音乐思潮范围而自豪。

19世纪末20世纪初是艺术的剧变期,思潮更短,更迭更快。所以,很多时候,一位作曲家并不仅停留在一个思潮中,他们的作品在不同时期会呈现不同的思潮形态。

不过,这三人有一个共同点,那就是都出生于俄国。提到俄国就不由让人想到被白雪覆盖的红场,所以他们的音乐里也莫名地散发出一种冬的气息。而且他们创作的芭蕾舞曲也非常多,不愧是有着莫斯科大剧院芭蕾舞团的国家的人。

在阅读这部分故事的时候,请认真倾听冬之国度里的悲剧爱情和人生,也许当你合上书的时候,心底会涌现一股凉意。

斯特拉文斯基
1882—1971

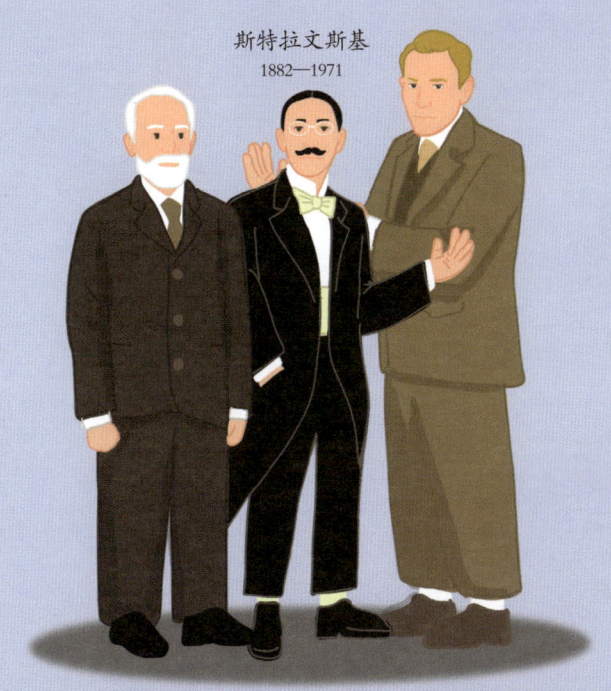

柴可夫斯基　　　　　　拉赫玛尼诺夫
1840—1893　　　　　　1873—1943

俄国作曲家"三人组"

16
著名的芭蕾舞曲几乎都是我写的
柴可夫斯基

彼得·伊里奇·柴可夫斯基

> 今年芭蕾舞演出第一名是柴可夫斯基，第二位是柴可夫斯基，第三位还是柴可夫……

> 想爱，但是不能爱。

#三大芭蕾舞曲 #结婚简直就是疯狂之举 #无法实现的爱情

米柳科娃 你想看我去死吗？
#我要结婚 #请你履行诺言

冯·梅克 我不是取钱的ATM机。
#资助者 #伤心

达维多夫 舅舅，您怎么这么快就去世了？
#悲怆 #特别的舅舅

♪ 推荐曲目

01.《场景》
02.《罗密欧与朱丽叶幻想序曲》
03.《第四交响曲》
04.《悲怆》
05.《D大调小提琴协奏曲》

伟大的旋律　18位传奇古典音乐家趣谈

世界三大芭蕾舞曲都是这个人的作品

到了寒冷的冬天，我总是会想起身穿芭蕾服、举止端庄的芭蕾舞演员，可能是因为每年临近岁末，芭蕾舞团就会演出，也可能是芭蕾舞在众多艺术形式中似乎和"浪漫"这个词特别相配。芭蕾舞对于有些人来说，也许是一生中曾想学习的舞蹈，对于有些人来说，也许会让人想到，心目中那个绾起头发的她。

学习音乐专业的我也曾有过学习芭蕾舞的浪漫情怀。记得大概是5岁的时候，我牵着妈妈的手经过文化中心，看到几个身穿白色芭蕾舞服和芭蕾舞鞋的同龄女孩，于是开始想学芭蕾舞，还缠着父母哭闹了几天几夜。当然最终因为身体太过僵硬，只上了一天课就放弃了。

曾经有一位给很多人送去浪漫的作曲家，他就是本故事的主人公彼得·伊里奇·柴可夫斯基，他是俄国代表性作曲家，也是世界三大芭蕾舞剧《天鹅湖》《胡桃夹子》《睡美人》的伟大作者。

柴可夫斯基于 1840 年出生在俄国的伏特金斯克市，父亲是矿业工程师，母亲是法德混血儿，家庭和睦且富有。在良好家庭出身的柴可夫斯基从 4 岁开始学习弹钢琴，托母亲之福，他在语言方面也展示出极高天赋。据说，他在六七岁时除了会说俄语，连德语和法语也能运用自如，非常聪慧。他在父母满满的关爱和大力支持下成长，但是，越是生活在富裕的家庭，很多时候父母越是反对子女学习音乐，而现实情况却是，如果要上音乐课，必定需要家人给予一定的支持买乐器，是不是很讽刺？

例如，财阀家庭几乎没有从事音乐行业的子弟，这样举例应该就比较容易理解了。可能是因为挣钱越多的人越明白"通过音乐很难挣钱"的道理，所以会极力反对子女从事音乐方面的工作。因为当时俄国的社会风气对音乐家并不友好，所以柴可夫斯基的父母也反对儿子成为音乐家。幸好小柴可夫斯基是一个听话的孩子，所以并没有明确反抗父母，老老实实地去法律学校学习了。

从法律公务员到音乐学院教授

柴可夫斯基是一个非常艺术、感情丰富的人,所以即使成了法学生,也没能忍住对音乐的热情和渴望。上学期间,他也一直在坚持学习和声学、弹钢琴,去歌剧院看演出等,并没有放下对音乐的迷恋。他的第一份职业是公职人员,按现今的工作形式来说,应该是在法务部之类的地方做管理工作,所以,如果这个故事的结局是,"他成为一名法律公务员,幸福地度过了余生。"那我们就听不到柴可夫斯基所作的名曲了。生活越来越无聊,柴可夫斯基于是辞去了公务员的工作,这些具体情况我们就此略过吧。

学生时期的柴可夫斯基

公职人员的生活太不适合艺术天赋洋溢的柴可夫斯基,所以他辞去了工作,在20岁那年,也就是1860年作为第一批学生就读了圣彼得堡音乐学院。虽然他学习音乐开始得比较晚,但是据说他在学习上倾注了更多热情,成绩也非常优秀。教导柴可夫斯基管弦乐法的鲁宾斯坦教授很早就看到了他的天赋,所以提前相中了他。在鲁宾斯坦教授的兄弟成立莫斯科音乐学院的时候,率先聘请了柴可夫斯基为教授。因此,他才在25岁的时候就光荣地成为一名教授,这一份履历在作曲界可不常见。

当今社会普遍奉行一个观点——"当你觉得为时已晚的时候，那就真的晚了。"所以每次听到这样的故事，你内心某个角落隐藏着的梦想就不会蠢蠢欲动吗？

推荐曲目01：《场景》

《天鹅湖》是由4幕构成的芭蕾舞剧，讲述的是被施了魔法变成白天鹅的公主奥杰塔的故事。第一幕《场景》中，竖琴的琶音和弦乐的颤音让人印象深刻，这是王子齐格弗里德见到白天鹅时演奏的音乐。

不安的青少年时期和不幸的婚姻生活

我们再回到柴可夫斯基的童年，小柴可夫斯基曾经说自己耳边总能听到音乐，这可吓坏了家人，不过由此也可以看出，他从小就显示出了艺术家的气质。原本他就性格敏感，迎来青春期后，他的性格变得更加刻薄、敏感。因为父亲失业，他和家人不得不突然搬家，柴可夫斯基无法适应新的生活环境和学校，一直处在彷徨之中。雪上加霜的是，由于家境大幅衰落，生计也越来越困难，这让他感到更加痛苦，就是从这个时候开始，他患上了抑郁症。

青春期的柴可夫斯基陷入了对自我的怀疑之中，他常问自己，"我是谁？我真的是一个有用的人吗？"在对自我的反思和彷徨中，他察觉到自己是一个同性恋者。现在我们对性少数群体的观点已经发生了很大变化，认为随意评判他人的本性和价值观是没有礼貌的行为，但当时是一个被偏见和固有观念所局限的时代，特别是柴可夫斯基所属的俄国东正教会尤其保守，在那个头脑混乱的时期，他得不到专业的心理辅导，也无法向亲爱的家人们倾诉，只能将内心的痛苦憋在心里。

独自走在"黑暗"中的柴可夫斯基，遇到了一个名叫安东尼娜·米柳科娃的女子，她曾是柴可夫斯基的学生，更是他第一任，也是最后一任妻子。敏感而胆小的柴可夫斯基正在默默接受这个不认可自己性取向的社会，而这个时候米柳科娃却对他示爱了。最开始柴可夫斯基斩钉截铁地拒绝了她，但米柳科娃却变得极端起来，甚至以死相逼柴可夫斯基和她结婚。柴可夫斯基不能明确地告诉对方，我是同性恋者，所以不能和你结婚，所以自己也很郁闷。而米柳科娃不明白他心里所想，硬是闹着想知道原因。每次讲到这里的时候我都很生气，将自己的感情单方面强加给对方，并以死胁迫对方结婚，这根本不是爱情，而是赤裸裸的暴力啊。

柴可夫斯基和米柳科娃

米柳科娃的纠缠变本加厉，处于保守的社会风气下，柴可夫斯基也找不到好的解决办法，他想着，就这样趁此机会结婚说不定也不是什么坏事，于是下定决心和她结婚了。在这样一段畸形的婚姻里，必然会产生许多问题。首先，虽然两人结为了夫妻，但是柴可夫斯基完全无法进行夫妻生活，而且米柳科娃的索求越来越多，对婚姻和家庭厌烦不已的柴可夫斯基，将目光投向了其他男人，开始逃出家门。

不过柴可夫斯基敏感的性格并没有改变，他因为在婚姻中喜欢上其他男人，而产生了强烈的负罪感和愧疚感，并因此患上了神经衰弱症。米柳科娃的贪心造就的这段痛苦婚姻，不到3个月就出现了裂痕，而由于米柳科娃坚持不离婚，这段婚姻最终走向了破裂。米柳科娃不接受离婚，所以柴可夫斯基直接离家出走了，米柳科娃后来患上精神病去世了。这段短暂且不幸的婚姻生活，以及米柳科娃的死，让柴可夫斯基也长时间患上了抑郁症。最终两人在彼此憎恶中度过了毫无爱情的一段时光。

给大家介绍一首柴可夫斯基创作的非常符合这段悲剧爱情故事的悲剧歌曲。

推荐曲目02：《罗密欧与朱丽叶幻想序曲》

"序曲"是歌剧或芭蕾舞剧中作为开场演奏的曲子，奠定了作品主旋律和氛围的基调。柴可夫斯基以莎士比亚的作品为题材，创作了7首曲子，其中完成度最高的作品就是《罗密欧与朱丽叶幻想序曲》，这首曲子虽然叫作序曲，其实更接近交响诗。

对提供了巨额资助的遗孀恶语相加

米柳科娃

与异性交流少得可怜的柴可夫斯基，其一生中却有一名和他往来较多且非常重要的女人。妻子米柳科娃对爱情强求，最终走向了悲剧，而这个女人和柴可夫斯基则有一种柏拉图式的关系，她就是名叫冯·梅克的遗孀。她和柴可夫斯基没见过面，在长达近14年的时间里只靠书信交流，而且他在经济上给柴可夫斯基提供了巨大帮助。可以说正是因为她，柴可夫斯基才能一辈子舒舒服服地进行创作，她是柴可夫斯基非常重要的资助者。

这两人乍一看很美好的关系，其实也有一些让人感觉不

俄国作曲家"三人组" 301

舒服的地方。假如有人长达14年里对你没有任何要求，说："我资助你搞创作！你太优秀、太伟大了。"然后给你提供援助，这肯定是值得感恩的事情吧？因为这样你就可以舒舒服服地生活，只专注于创作了。但是不求任何回报帮助柴可夫斯基14年的冯·梅克，有一天突然停止了援助，这时柴可夫斯基在给冯·梅克的信里写道："为什么不联系我？难道是在无视我吗？为什么不给我资助？"他表现得非常无理。即便如此，他也没有收到冯·梅克的任何回复，柴可夫斯基因此恨上了她，至死都对她恶语相加，据说他在临终之前还骂冯·梅克是一个"会受到诅咒的女人"。

关于冯·梅克突然中止资助的原因，有几种流传的说法。记录较多的是冯·梅克因为经济拮据，在无可奈何之下停止了资助，不过也有人说是因为她知道了柴可夫斯基是同性恋者，所以中止了资助。我想，无论是什么原因，得益于她的经济资助，自己才能舒服地生活14年，无论多么突然，柴可夫斯基最后对她的态度是不是也太差劲了。

冯·梅克给因痛苦的婚姻生活和慢性抑郁症而饱受折磨的柴可夫斯基提供了巨大资助。下面给大家介绍一首两人关系深厚时，柴可夫斯基献给她的曲子。

推荐曲目03：《第四交响曲》

柴可夫斯基的《第四交响曲》被认为是俄式交响曲的典范。柴可夫斯基亲自给冯·梅克去信，详细地解说过这部作品。第1乐章由庄严的号角齐鸣开始，柴可夫斯基解释为这是交响曲的核心，是给人间带来绝望和痛苦的"命运"。

将悲惨的爱情投射在乐曲中

一直饱受神经衰弱症折磨的柴可夫斯基，前往住在乌克兰的妹妹家疗养，这个时期又发生了一件让他心痛的事情。柴可夫斯基在乌克兰停留的这段时间创作了许多曲子，妹妹的家人给他提供了很多帮助。柴可夫斯基对妹妹的儿子，也就是外甥弗拉基米尔·达维多夫倾注了许多爱意，给他讲述作曲的背景，还带他去剧场，度过了一段非常幸福的时光。但是随着感情加深，他察觉到自己对外甥的感情并不是家人之间的爱，而是恋人之爱。意识到自己的感情后，惊慌失措的柴可夫斯基如同逃难般回到了莫斯科，过了一段时间的蛰居生活。

这时他创作出了那首非常著名的《悲怆》。柴可夫斯基将这份禁忌之恋放在心里，为这份爱情无法实现的挫折感到痛苦，历经 2 年写下了《悲怆》这首交响曲。虽然爱情无法实现，但他把饱含爱意的《悲怆》送给了他亲爱的外甥。

柴可夫斯基在《悲怆》首演 6 日后离开了人世。13 年后，外甥达维多夫也因思念舅舅自杀而亡，让这首曲子更添遗憾。

推荐曲目04：《悲怆》

《悲怆》是柴可夫斯基创作的最后一部交响曲。据说《悲怆》这个名字是柴可夫斯基的弟弟莫迪斯特取的。这部作品很好地展现了柴可夫斯基忧郁的天性，特别是第4乐章。与一般交响曲的第4乐章不同，它以非常缓慢的叹息调开始，低沉的主旋律让人感觉到绝望、阴郁，曲子最后也是断断续续、慢慢地消失，直至结束的。

关于他的死亡的各种传闻

作为一个人的柴可夫斯基，因爱情导致心灵饱受折磨，而作为一名作曲家的柴可夫斯基，却行走在一条康庄大道上。即便他内心痛苦，但他的音乐成就还是非常大的，也算是比较幸运的一部分吧。柴可夫斯基在音乐界也会和很多人积极交流，1888 年在德国见到了勃拉姆斯、格里格，和他们就音乐进行了深入交流。接着又见到了德沃夏克，彼此交换了对音乐的见解等。他与无数的音乐家进行积极的交流，并不断学习。

柴可夫斯基在莱比锡、汉堡、柏林、布拉格、巴黎、伦敦等地都进行过巡回演出，在这些地方享有盛誉。1893年还被英国剑桥大学授予名誉音乐博士学位。取得了如此大的成就，要是再能遇到相爱的人，在一起幸福地生活就好了……正如前面所说，柴可夫斯基在《悲怆》首演6日后就去世了，那是1893年，他才43岁。可能是因为同性恋争议，关于他的死亡也有很多传言。当时官方所称的死因是霍乱，但是学者们认为这不是事实，对此，学者们提出了3个合理证据。

第一，霍乱主要是通过不卫生的水或接触感染，但是柴可夫斯基出身于富裕家庭（虽然中途暂时家道中落），过着富足的生活，所以完全没有理由患上有着"贫寒里滋生的疾病"之称的霍乱。

第二，霍乱传染性很强，被诊断为霍乱的患者需要隔离，所以如果死于霍乱，那必定有隔离记录，而且葬礼上也不能聚集太多人，但是柴可夫斯基的葬礼上却出现了很多高级神职人员和公职人员。

第三，服毒自杀被认为是柴可夫斯基最可信的死因。有一种说法是，柴可夫斯基和非常有权势的斯滕博克·托尔莫尔伯爵的侄子是恋人关系，知道二人关系的伯爵向俄国东正教会告发了此事，教会劝柴可夫斯基服毒自杀。这种说法可不能单纯地当作一种假设，这可是有据可查的。关于他的死因，人们的猜疑一直没停过，直到1979年重新进行了尸检，那时得出的结论是，不是死于霍乱，而是砷中毒，这无疑更加印证了"自杀说"。虽然柴可夫斯基的准确死因已经证实，是砷中毒，但是关于他的死因又有了"抑郁症自杀""他杀"等的争论。

柴可夫斯基的故事里总是充满了忧郁。那些活着的时候没能取得成功，默默无闻，没在历史上留下名字就离开人世的作曲家的故事，虽然也让人伤心，但被爱情所伤，痛苦不堪的故事似乎也同样令人感到凄凉。人类孑然生于广阔的宇宙，必须独立经营人生，如果还得不到任何人的理解，无法找到爱情相互取暖，不知道这样的人生是否能用一个简单的"凄凉"来概括。

柴可夫斯基的故事就讲到这里，希望大家的爱情能在肥沃的土地上生根发芽，结出香甜的果实。最后，以一首因作为日剧《交响情人梦》的插曲而出名的《D大调小提琴协奏曲》结束本章的内容。

推荐曲目05:《D大调小提琴协奏曲》

《D大调小提琴协奏曲》是柴可夫斯基创作的唯一一首小提琴协奏曲。这部作品最初因为太难演奏,被评价为"无法演奏的作品",不过在1881年被一位名叫阿道夫·布罗茨基的年轻演奏家进行了首演。最为著名的是其第1乐章,华丽的小提琴和庄严的管弦乐团你来我往,交替演奏,整首协奏曲呈现浓浓的俄国风情。

柴可夫斯基的三大芭蕾舞剧

1.《天鹅湖》

《天鹅湖》以童话故事《天鹅湖》为题材创作而成。位于德国的一个小国的王子齐格弗里德，决定在成人礼舞会上挑选王妃。女王送给王子一支箭，祝贺他成人。王子为了抓捕偶然间看到的天鹅，前往森林猎捕，跟着天鹅来到湖边的王子发现，天鹅是由美丽的少女奥杰塔变化而成的。其实，奥杰塔是被坏魔法师罗斯巴特施了魔法，白天变成天鹅，到了晚上才能恢复人形，唯有坚贞的爱情才能解开这种魔法。对奥杰塔一见钟情的王子立刻向她求婚，并约定第二天舞会上见，然后就告辞了。

另一边，知晓了一切的魔法师罗斯巴特让自己的女儿奥吉莉娅伪装成奥杰塔，并将她送到了舞会上。很可惜，王子将奥吉莉娅错认成奥杰塔，并许下了爱的誓言。看到这一幕的奥杰塔伤心至极，于是决定自杀。王子这才明白一切，拼命阻止奥杰塔自杀，并进行了真情告白。但是罗斯巴特可不会坐视不管，于是为了躲避罗斯巴特，仓皇逃跑的王子和奥杰塔双双投入湖中。

《天鹅湖》有好几种结尾,大致可分为两类。皇家芭蕾舞团演的是王子和奥杰塔双双殉情而亡的悲剧结尾,而莫斯科芭蕾舞团演的却是奥杰塔解除了魔法,重新变化为人,打败了罗斯巴特,和王子幸福地生活在一起的喜剧结尾。之所以会出现好几种结尾,是因为根据柴可夫斯基的终曲音乐,既可以理解成悲剧,也可以理解成喜剧。

2.《睡美人》

《睡美人》是以法国诗人兼童话作家贝洛的作品《林中睡美人》为题材创作而成的。奥罗拉公主出生、成长、恋爱、结婚的这几个人生阶段,分别用序曲和三幕来展现。

长期没能生下孩子的王妃诞下公主奥罗拉后,邀请了12位仙人来参加庆祝晚会。有一位没得到邀请的仙人卡拉波斯预言公主会在满20岁时因扎伤手而死去。善神西连妮对感到不安的王妃说,公主并不会死,只会陷入沉睡,但是会在王子的爱中醒过来。

奥罗拉公主20岁生日时,果然手被玫瑰刺扎伤,并陷入了沉睡中。100年后,一个来林中打猎的王子看到了沉睡在林中的公主奥罗拉。王子被公主的美丽迷住,不由地吻了上去,一瞬间,诅咒解除,沉睡了很久的公主醒了过来。两人许下爱的承诺,并举行了华丽的婚礼,舞剧到此结束。

3.《胡桃夹子》

《胡桃夹子》的蓝本是德国浪漫派作家恩斯特·霍夫曼所作的童话《胡桃夹子与老鼠王》。这个童话被法国作家杜马进行了改编，编舞家普蒂皮将其制作成芭蕾舞剧本后，柴可夫斯基在此基础上谱曲，最终形成了现在的芭蕾舞剧《胡桃夹子》。

平安夜，少女玛丽得到了一个胡桃夹子作礼物，故事由此展开。在一个一切都陷入沉睡的夜晚，玛丽去客厅看玩具娃娃，结果看到了胡桃夹子带领着玩具士兵们和老鼠打仗的场面。陷入危险的玩具们在玛丽的帮助下最终取得了胜利，胡桃夹子解除诅咒，变成了一个帅气的王子。为了报答玛丽，王子邀请她去糖果王国作客。在糖果王国，玛丽和胡桃夹子以及精灵们跳了一整夜欢快的舞蹈，突然梦醒了，舞剧到此结束。

17

简直不是人的手
拉赫玛尼诺夫

谢尔盖·瓦西里耶维奇·拉赫玛尼诺夫

手大，身材高挑。不要羡慕我，这其实是病！

怎么会弹不了这个呢？

#最好的积极暗示 #大手 #欢迎咨询美国移民

尼古拉 你一定会成功的。
#积极暗示 #好想法

娜塔莉娅 表哥，今天还在老地方见！
#从表哥到老公 #要去美国了

托尔斯泰 坚持走你所要走的路。
#加油 #人生前辈

♪ 推荐曲目

01.《无声曲》
02.《第三钢琴协奏曲》
03.《第一钢琴协奏曲》
04.《第一交响曲》
05.《第二钢琴协奏曲》
06.《音乐瞬间》
07.《悲歌三重奏》
08.《帕格尼尼主题狂想曲第18变奏曲》

任何曲子都能在一小时内弹奏出来的神童

"怎么连这个都听不懂呢？"

听到这样的话会让人很泄气，这种话主要是教育者无奈之下以"这么简单的东西，你们怎么就是理解不了呢？"这种口吻说的，每当这个时候，你们是不是就想反驳道："如果听一次就会，我怎么会坐在这里呢？"

历史上有一位很受古典音乐爱好者喜爱的作曲家，但是他的作品却经常被钢琴家拒绝演奏，这让他不由地生气道："弹不了我的曲子？为什么？你们是傻瓜吗？"他是钢琴协奏曲的巨匠，创作出了被称为"世界最难演奏"的作品的拉赫玛尼诺夫。

年轻时的拉赫玛尼诺夫

谢尔盖·瓦西里耶维奇·拉赫玛尼诺夫，1873年出生于俄国谢苗诺沃。他的父亲是退伍军人，母亲是钢琴家，也是将军的女儿。拉赫玛尼诺夫也有着和前文介绍过的无数作曲家一样的成长经历。"从小开始学习钢琴……"这个部分说不定你已经看腻了。如果说有什么不同，那就是拉赫玛尼诺夫从胎教开始就与众不同。一般我们认为，音乐对胎儿发育有非常积极的影响，所以在怀孕期间大多用古典音乐进行胎教。但是拉赫玛尼诺夫的母亲不仅听音乐，在怀孕期间她也没有放松钢琴练习。其实有研究结果显示，音乐能参与到孕妇的心跳、体温、呼吸中，对胎儿的发育产生影响。总而言之，怀孕的母亲不只欣赏音乐，甚至还用演奏做胎教，所以拉赫玛尼诺夫很小就显露出了与众不同的天赋，其中母亲对他的影响非常大。

幼年时期的拉赫玛尼诺夫受到了非常喜爱音乐的父亲，和不仅喜欢，还有才华能演奏的母亲的巨大影响。据说，他从小钢琴就弹得非常好，"视奏"也是又快又好，经常让周围的人惊叹不已。"视奏"指初次看到的乐谱在没有预先练习的情况下，能够立刻演奏出来。看到没弹奏过的新乐谱，立刻就能很好地演奏出来，我们就说他"视奏很好"。那么"视奏快"就应该是读谱速度很快的意思吧？据说拉赫玛尼诺夫还不到10岁的时候，任何乐谱拿到他面前，不到一小时就能完美地演奏出来。说到这里，大家应该已经能理解，他确实是与生俱来的神童了吧？

推荐曲目01：《无声曲》

《无声曲》是拉赫玛尼诺夫的歌曲集《浪漫曲14首》里收录的最后一首曲子，主要采用哼唱旋律的形式。这首曲子除了哼唱版本，还有管弦乐团、合奏、合唱、长笛、大提琴等各种版本。

给钢琴家出难题的罪魁祸首

拉赫玛尼诺夫除了是作曲家，还是一位钢琴家，并获得巨大成就。如果你将本书从头看到现在，那么对于"最好的钢琴家是谁？"这个问题，你应该能答出来是"李斯特"吧？在介绍李斯特的时候，我也说过，李斯特的手并不如传闻中那么大。不

拉赫玛尼诺夫作为钢琴家获得了巨大成就

俄国作曲家"三人组"　315

过，拉赫玛尼诺夫却是身材高大，手也确实够大。他身高约198cm，手完全张开可以从"do"轻松碰到高一个音程的"sol"，甚至还能触碰到"la"。不过，个子这么高也不是一件值得羡慕的事情。有说法认为，拉赫玛尼诺夫患上了名为"马凡氏综合征"的遗传病，马凡氏综合征的症状就是身材高挑，四肢修长，同时伴随神经衰弱，而拉赫玛尼诺夫也是身材高大，而且长时间神经衰弱，所以这种说法还是比较可信的。

总而言之，也许是因为拥有一双作为钢琴演奏家来说非常完美的手，他弹奏的钢琴曲也非常流畅，经常使用连续弹奏的八度音程来打造华丽的音乐，需要用fff（极强，最强）全力以赴演奏的区间也很长，所以对于大多数钢琴家来说，演奏拉赫玛尼诺夫创作的曲子非常有难度，因为曲子的节奏特别快，而且手指必须极力撕扯，演奏下来胳膊酸痛，其间还要持续用力，所以特别辛苦。但是拉赫玛尼诺夫本人却能非常轻松地演奏自己创作的曲子，所以，对于其他钢琴家拒绝演奏他的曲子，他会非常生气和不解。

有一件与此相关的趣事。拉赫玛尼诺夫非常尊重一位名叫约瑟夫·霍夫曼的钢琴家，霍夫曼是当时著名的钢琴家之一，所以拉赫玛尼诺夫在创作完《第三钢琴协奏曲》后，将曲子送给了约瑟夫·霍夫曼，并邀请他登台演出，担任首演的协奏者。霍夫曼最初也欣然应允了，但是试弹却一塌糊涂。

其实《第三钢琴协奏曲》在今天也有着"钢琴家的终点和坟墓"之称,被评为世界上最难演奏的作品。霍夫曼虽然是当时最厉害的演奏家,但也有很多手指无法触及的区间,演奏起来非常吃力,所以他放弃了。不过,拉赫玛尼诺夫似乎是真的希望《第三钢琴协奏曲》能在霍夫曼手里诞生,所以他煞费苦心,和赞助商斯坦威[1]协商,想要订制一架琴键较窄的钢琴,不过却被霍夫曼郑重地拒绝,此事也就不了了之了。

惊讶吧?居然创作出连大师都无法弹奏的曲子,而且为了让这首曲子得以演奏,还特意改造钢琴!不过,对于霍夫曼来说,也许这个伟大的挑战让他感觉自身能力不足,因此伤了自尊心也说不定。

最终《第三钢琴协奏曲》由拉赫玛尼诺夫本人担任协奏者,与纽约爱乐乐团一起进行了首演,而且非常顺利。至今《第三钢琴协奏曲》仍然是让无数钢琴家感到绝望又让人充满征服欲望的曲子。现在让我们来欣赏一下这首有着"世界最难演奏的作品"之称的协奏曲吧?

---

1 斯坦威是世界级高级钢琴品牌。

> **推荐曲目02：《第三钢琴协奏曲》**
>
> 拉赫玛尼诺夫的《第三钢琴协奏曲》是一首对演奏者体力有非常高要求的曲子，同时还融入了很多超出常人能力的演奏技巧，特别是第1乐章，宏伟的钢琴独奏华彩段（独奏者演奏的非常有技巧和华丽的部分）非常华丽、繁复。讲述钢琴家大卫·赫尔夫戈特的电影《闪亮的风采》里的主人公演奏过这首曲子，使其变得更为著名。

这就是"一号魔咒"！曲名里只要有"一"就会挨骂的作曲家

除了劝退无数钢琴家的《第三钢琴协奏曲》，拉赫玛尼诺夫的《第一钢琴协奏曲》也有一些有趣的插曲。《第一钢琴协奏曲》是拉赫玛尼诺夫在1890年，也就是他17岁时开始创作，并于一年后，即1891年发表的作品。准确的作品标题是 *Piano concerto Op.1, No.1*，这里的序号1，表示是第一部出版的作品，也就是处女作。1号作品不是钢琴奏鸣曲，竟然是高难度的协奏曲，这在音乐界也不常见。因为协奏曲不仅要写钢琴曲，还要同时写管弦乐团的曲子，需要花费大量精力和时间。据说拉赫玛尼诺夫将近一年的时间都花在了第1乐章的创作上，然而第2乐章和第3乐章只用两天就完成了。由此可见，拉赫玛尼诺夫对创作钢琴作品是多么自信。

就这样信心满满地将曲子发表出去后，从音乐界得到的评价却很平淡。曾有人质疑过，是不是因为当时拉赫玛尼诺夫是莫斯科音乐学院的学生，所以低估了曲子的价值，但无论怎么说，对于他的第一部作品，很多人评价说，未经精心制作的华丽感，让整首曲子显得非常凌乱。自尊心受伤的拉赫玛尼诺夫自首演后就再也没有将这部作品搬上过舞台，直到26年后，也就是1917年，在创作《第四钢琴协奏曲》的时候对《第一钢琴协奏曲》重新进行修改，并推出了修订版，所以我们现在听到的拉赫玛尼诺夫《第一钢琴协奏曲》其实是这个时期完成的修订版。

修订版与之前的版本相比，确实改动颇多。拉赫玛尼诺夫本人也不再演奏原版，对修订版更为喜爱。不过，可能是因为人气不如《第二钢琴协奏曲》和《第三钢琴协奏曲》，所以这首曲子不常列入演奏节目单。

推荐曲目03：《第一钢琴协奏曲》

这首曲子在拉赫玛尼诺夫的正式作品中编号为1。与初版相比，修订版在许多地方都进行了改动。据说第1乐章的钢琴独奏部分和管弦乐团齐奏部分（所有乐器一起演奏的部分）都对旋律进行了重新创作。这首曲子属于拉赫玛尼诺夫的钢琴协奏曲中最容易演奏的，不过，即便是最容易演奏的，其实演奏起来还是很有难度的。

拉赫玛尼诺夫的"一号受难时代"并没有就此打住。从莫斯科音乐学院毕业后，他于1895年创作的《第一交响曲》在1897年初次登上了舞台，但是这首曲子一经发表，就收获了无数差评，从"旷世失败作品"的评价，到"别再作曲"的指责。虽然拉赫玛尼诺夫已经被大众和批评家们攻击过多次，但这次他还是感到非常痛苦，甚至患上了神经衰弱的毛病。

《第一交响曲》之所以有"败作"之称，学者们对此有三种猜测。第一种猜测是发表作品的时候，拉赫玛尼诺夫对作曲还不是很精通，所以对管弦乐法[2]有点儿一知半解，这个主张最接近众多论文的结论，有一定知名度的作曲家，创作的曲子看起来却如此稚嫩，所以自然就挨骂了；第二种猜测是负责首演的指挥亚历山大·格拉祖诺夫是在饮酒之后去指挥的，所以整个演奏一团糟。不过，如果这种猜测是正确答案，既然有原稿乐谱存在，那应该更多的是责备指挥而不是作曲家，从所有的指责都是针对拉赫玛尼诺夫这一点来推测，这种说法很可能是错误的；最后一种猜测是怀疑他因为在政治上站错队，所以被严厉批评甚至埋没，联系后面发生的逃亡事件来看，这种说法有一定的可信度，不过这也是最没有证据的一种猜测。

---

2 管弦乐团里乐器构成和配置，以及音乐旋律发展下去的方法。

总之，《第一交响曲》的惨败让拉赫玛尼诺夫非常痛苦，以至于在此后的近3年时间里都没有再作曲。而悲惨的《第一交响曲》从首演结束后，直至他去世都没再被演奏过。

推荐曲目04：《第一交响曲》

据悉，这是融入了青年时期的拉赫玛尼诺夫的爱与痛苦的作品。每一个乐章就能感受到浓重的窒息感。自首演失败后，他活着的时候这首曲子再没被演奏过，1944年乐谱在圣彼得堡被发现，1945年在莫斯科音乐学院第二次被演奏。现在这首曲子的评价与首演之后的完全不同，这部作品被选为拉赫玛尼诺夫初期的杰出作品。

从低谷到写出最好的曲子

拉赫玛尼诺夫毕生都因抑郁症和精神疾病饱受折磨。原本就先天忧郁，因为《第一交响曲》的失败，这种症状变得更严重了，甚至到了什么也做不了的程度，被精神科医生诊断为神经衰弱症。就在这时，他遇到了一位名为尼古拉·达尔的心理治疗师，尼古拉是一个非常重要的人物，他帮助拉赫玛尼诺夫克服了病痛，重新站了起来，在拉赫玛尼诺夫的人生中有着非常重要的地位，甚至有人说，"如果没有他，就没有现在的拉赫玛尼诺夫。"

尼古拉使用的治疗方法是"积极暗示",他反复对被抑郁症和精神疾病折磨的拉赫玛尼诺夫说:"你能写出好的作品,你将取得巨大成功。"不断进行积极的心理暗示。是不是觉得这种方法好像在哪里听过?"积极暗示"与21世纪初流行的《秘密》《梦想的阁楼》等书中的内容是一脉相承的。用积极的想法替换消极的想法,反复回想,让整个人处于积极的精神状态中,这就是"积极暗示"的原理。这个治疗方法极大地帮助了拉赫玛尼诺夫,因《第一交响曲的》的惨败而放弃作曲3年的他,在尼古拉的治疗下开始慢慢好转。

就在这时,他创作了被评为拉赫玛尼诺夫伟大杰作的《第二钢琴协奏曲》。不知道是不是《第一钢琴协奏曲》的失败让他得到了成长,并最终创作出他最优秀的钢琴协奏曲。《第三钢琴协奏曲》也是拉赫玛尼诺夫接受治疗期间创作而成的,由此看来,拉赫玛尼诺夫确实从尼古拉那里得到了许多帮助。

推荐曲目05:《第二钢琴协奏曲》

> 拉赫玛尼诺夫的代表作,后世评价他将《第一交响曲》失败后所经历的挫折和痛苦,以及克服这些困难的过程全都完整地融入了这首曲子。第一乐章也被称作《克里姆林宫的钟声》,其开头部分的钢琴曲让人印象深刻。这首曲子也是拉赫玛尼诺夫送给尼古拉·达尔的曲子。

不被支持的爱情

拉赫玛尼诺夫从发表《第二钢琴协奏曲》后，作曲事业特别顺利。音乐家们将拉赫玛尼诺夫发表《第二钢琴协奏曲》后的数年称为拉赫玛尼诺夫的鼎盛期。尽管事业如此成功，但可惜的是，他的神经衰弱症状也达到了顶点。我突然想到了这样一句话："心里的疾病虽然能减轻，但是很难痊愈，所以必须好好照顾自己。"虽然事业很成功，但拉赫玛尼诺夫还是无法摆脱忧郁和空虚，所以这个时候，他开始想和相爱的人结婚，安定下来了。

拉赫玛尼诺夫和娜塔莉娅·萨蒂娜

有人说，爱情真能治愈很多疾病，光是想一想就让人心里暖乎乎的。不过拉赫玛尼诺夫的爱情却非常危险。1888年，15岁的拉赫玛尼诺夫坠入了爱河，让拉赫玛尼诺夫心动的女人不是别人，是姑姑家的二女儿娜塔莉娅·萨蒂娜，她和拉赫玛尼诺夫是表亲关系。16世纪的欧洲，为了延续家族血脉，有时候会允许近亲结婚，但是拉赫玛尼诺夫所生活的时代却是禁止近亲结婚的，所以两人的恋爱关系刚暴露，就遭到了整个家族的反对，为了将娜塔莉娅和拉赫玛尼诺夫分开而煞费苦心。

原本爱情就是周围的人越反对，情侣感情越深，所以两人不顾家人的反对，继续偷偷交往。《第一交响曲》失败后，极度忧郁的拉赫玛尼诺夫想得到些许心灵的安慰，打算和娜塔莉娅结婚。这时俄国东正教会亲自站出来反对两人的结合。当时俄国东正教非常保守，所以绝对不会允许表亲之间结婚。连爱情也不能遂自己心意，拉赫玛尼诺夫于是陷入了更严重的抑郁之中。

即便周围的人如此激烈地反对，两人还是继续交往着。《第二钢琴协奏曲》发表的前一个月，在姑姑的许可下，两人偷偷举办了婚礼。尽管俄国东正教会并没有承认两人的法定夫妻关系，但是他们还是幸福地生活在了一起，并生下孩子，后来移民到美国后成为法定夫妻。

推荐曲目06：《音乐瞬间》

《音乐瞬间》是钢琴小品集，共收录6首曲子。这部作品的创作背景有点儿特别，据说拉赫玛尼诺夫23岁时，在乘火车时携带的钱包被偷，所以经济拮据，于是他在2个月内作完了这6首曲子。钢琴曲整体节奏快而激烈，所以经常被用作需要短时间内给人留下深刻印象的入学考试曲。

与拉赫玛尼诺夫交好的名人

看到现在,了解到拉赫玛尼诺夫似乎是一个非常敏感的人,所以有人会莫名觉得他周围应该没有什么朋友,但真实情况与我们的猜测正好相反,他和很多名人交好,是一个非常善于交际的人,特别是与他的老师兼指路人柴可夫斯基的关系非常好(虽然两人见面的时间并没有那么长)。第一任老师尼古拉·兹韦列夫去世后,拉赫玛尼诺夫立刻找到柴可夫斯基,和他交流学习。尽管两人的关系在柴可夫斯基突然离世后戛然而止,但他也给柴可夫斯基送过曲子,足见他对柴可夫斯基的感情深厚。

与拉赫玛尼诺夫交好的人里还有一个出乎意料的人物,那就是诗人兼作家托尔斯泰。托尔斯泰在拉赫玛尼诺夫被抑郁症和神经衰弱症折磨得痛苦不堪时给他写过信,信中这样写道:"年轻人,你觉得我这一生就是一帆风顺的吗?你觉得我毫无烦恼,从不犹豫而且从未丧失过信心吗?其实我们每个人都有遭逢困难的时候,但这就是人生。抬起你的头,坚持走你所要走的路。"

读下来感觉也不是什么伟大的文章,只是一些加油鼓励的话语,但是寄信的人是托尔斯泰呀。换作是我,如果汉斯·季默或久石让对我说:"宋纱棐加油!"那无论遇到什么困难,我都会有力量解决。总之,托尔斯泰的鼓励给拉赫玛尼诺夫提供了巨大的帮助。

拉赫玛尼诺夫的另一个熟人，是许多人通过电影了解到的名为弗拉基米尔·霍洛维茨的演奏家，我记得当时自己是哭着看完电影《为了霍洛维茨》的。其实，霍洛维茨是真实存在的人物，是一名钢琴家。拉赫玛尼诺夫在乌克兰留学的时候偶然见到了霍洛维茨，并被他的演奏深深感动，于是率先提出要和他做朋友。两人都从事音乐工作，结下了深厚的友谊，拉赫玛尼诺夫曾说，非常喜欢霍洛维茨演奏的自己创作的钢琴协奏曲。

推荐曲目07：《悲歌三重奏》

《钢琴三重奏Op.9，No.2》是1893年柴可夫斯基去世后，拉赫玛尼诺夫为纪念他而作的。在这首曲子中能感受到拉赫玛尼诺夫失去老师后深切的哀痛之情。钢琴和大提琴、小提琴的和声优美且哀切，所以这首曲子也被称作《悲歌三重奏》。

在异国他乡迎来死亡

1917年，俄国爆发了十月革命，拉赫玛尼诺夫的全部财产被没收，再也无法维持生计了，于是他和家人一起移民去了美国，并且在这个时期创作了《第四钢琴协奏曲》。已经有非常高知名度的拉赫玛尼诺夫，在移民美国后也得到了许多人的喜欢，现在依然被认为是伟大的钢琴家。当时能亲眼看到他演奏的美国人，该是多么幸福啊！在美国，他的演出票非常畅销，在俄国差点儿饿死的拉赫玛尼诺夫，到了美国后很快就站稳了脚跟。

刚在美国安定下来，他就开始为祖国发声，他在《纽约时报》上发表了一篇抨击俄国政府的文章，俄国政府对此很愤怒，给拉赫玛尼诺夫下达了禁止回国的命令，而且不许俄国所有的剧场和音乐学院演奏拉赫玛尼诺夫的曲子，所以回不去祖国的拉赫玛尼诺夫无奈之下加入了美国国籍。拉赫玛尼诺夫在1942年患上了黑色素瘤这种皮肤癌，并于一年后去世，许多学者说他是因为烟瘾太大，所以才患上了皮肤癌。借此机会，我想规劝一下正在读本书的读者朋友们，千万不要吸烟，吸烟虽然是个人的嗜好和自由，但是更要爱惜自己的身体！

拉赫玛尼诺夫的故事马上就要结束了，我百感交集。看到他凭借着天生的身体条件，给世界留下了无数名曲，让人不由感叹，"果然人的天赋是与生俱来的。"但是看到他用"积极暗示"战胜了那么严重的抑郁症，又让人不禁感慨，"人的意志能战胜一切。"

钢琴家和作曲家，这两个角色全都大获成功的拉赫玛尼诺夫，不知道他在贝弗利山长眠后都在想什么呢？

推荐曲目08：《帕格尼尼主题狂想曲第18变奏曲》

以著名的小提琴家帕格尼尼的随想曲（不局限形式，有很强自由要素的器乐曲）中第24首的主题为基础创作而成的协奏曲，绚烂的钢琴和丰富的管弦乐团搭配巧妙的杰出作品。24首变奏曲中第18首最为著名，这首变奏曲将如歌的行板（指演奏得如同缓慢歌唱一般）展示到了极致，旋律优美，感情丰富，所以经常会单独拿出来演奏。

18

演出途中逃跑的20世纪芭蕾舞曲大师
斯特拉文斯基

伊戈尔·斯特拉文斯基

> 这就是音乐。知道了吗?
> 不知道就算了……

> 明天我一定会出名的。

#20世纪芭蕾 #演出中逃跑 #毒舌大王

科尔萨科夫 你曾经是我的弟子?
#招收门生 #只培养能成功的家伙

迪亚吉列夫 你会成为明日之星。
#走红前兆 #演出策划者

香奈儿 我们没交往过吗?
#香奈儿和斯特拉文斯基 #No.5

♬ 推荐曲目

01.《烟火》
02.《火鸟》
03.《彼得鲁什卡》
04.《春之祭》
05.《婚礼》
06.《士兵的故事》
07.《安魂圣歌》

美没有确切标准

即便只是在艺术前面加上"现代"这个词，就会有人皱眉不解。我理解他们，对于不熟悉现代艺术的人，有很多难以理解的作品会让他们产生疑问，"这个真的是艺术吗？"所以，有人会对体裁本身持否定态度。过去，人们大都把注意力集中在美的事物上，所以最美好的作品就是那个时代的代表作，而现代艺术随着鉴赏角度的不同，任何事物都有可能变成一种美，所以自由地融合了无数的技巧和样式。因此，与其怀着"想要感知其美好"的心态，不如以"这个人内心的美是什么？""这个人眼中是以什么为美的？"这样的标准去欣赏现代艺术作品，也许这样就能减少感知艺术过程中的不便了。

斯特拉文斯基

之所以会有如此长的导言，是因为这次要介绍的作曲家对大家来说可能比较陌生。本篇故事的主人公就是20世纪芭蕾舞曲巨匠伊戈尔·斯特拉文斯基。斯特拉文斯基是早期现代音乐的领军人物。"我对芭蕾舞曲也没什么兴趣，有必要了解写现代芭蕾舞曲的人吗？"如果你有这种想法，请相信我，往后再多读几页，因为即使你不了解他的作品，这个男人本身也是非常有魅力的，读完本篇故事后，你可能就会对斯特拉文斯基写的曲子产生兴趣。

为什么不关注我呢？

伊戈尔·斯特拉文斯基是俄国作曲家，于1882年6月17日出生于圣彼得堡。他的父亲是很有名气的男低音歌唱家，家境比较殷实，所以他本应该从小就顺利地走上音乐之路，但斯特拉文斯基9岁短暂学习过一段时间音乐后就放弃了，一直到19岁都没再碰过音乐。大学时在父母的劝说下进入了法学院学习。"当你觉得为时已晚时，恰恰是最早的时候。"似乎是为了证明这句话的正确性，斯特拉文斯基直到成年才开始自学音乐。万幸的是，可能因为他出身音乐世家，所以他学习音乐的速度非常快。即便如此，斯特拉文斯基在自学音乐的过程中还是感到力不从心。渴望进一步学习音乐的斯

里姆斯基·柯萨科夫像（瓦伦丁·谢罗夫绘）

特拉文斯基决心将音乐当作自己的事业，他找到了俄国最著名的作曲家，同时也是他曾经的老师里姆斯基·柯萨科夫[1]。因为当时柯萨科夫的人气颇高，所以他家门口排满了想拜他为师的人。经过激烈的竞争后成为柯萨科夫弟子的人，都是早已在某个地方有一定地位的作曲家。斯特拉文斯基虽然有幸成为柯萨科夫的弟子，但因为是新人，所以并未得到老师的关注和青睐。

柯萨科夫的教学虽不那么热情和亲切，但斯特拉文斯基还是跟随他学习了4年作曲法与和声学。或许是这个原因，斯特拉文斯基初期的曲子与柯萨科夫的作品风格非常相似。

推荐曲目01：《烟火》

这是斯特拉文斯基于1908年创作的管弦乐曲。以从柯萨科夫那里学到的丰富的管弦乐法为基础，描绘了夜空中绽放的烟火。该曲据说是创作出来作为结婚礼物送给柯萨科夫女儿的。这部作品是斯特拉文斯基的成名之作，而迪亚吉列夫也是在听闻此曲后，向其发出了创作芭蕾舞曲的邀请。

1　2009年金妍儿获得花样滑冰金牌时所用的名曲《天方夜谭》的作曲家。

俄国作曲家"三人组"

在当时的音乐界，想要顺利出道，老师的推荐是非常重要的。但柯萨科夫一直都未曾关注过斯特拉文斯基，只推荐其他学生。即便没能得到老师的青睐和关爱，斯特拉文斯基依然对音乐学习保持着极高的热情，也许正因如此，斯特拉文斯基后来成了柯萨科夫的弟子中最成功的作曲家。但遗憾的是，柯萨科夫没能看到斯特拉文斯基功成名就的那一天，两人的师生关系也就这样稀里糊涂地结束了。

斯特拉文斯基对老师感到失望的时候，俄国正因第一次世界大战和二月革命陷入一片混乱之中。因为种种原因，斯特拉文斯基决定远赴巴黎留学，也就在这个时候，他正式踏入了音乐界。

你会成为明日之星

因为成年后才开始学习音乐，斯特拉文斯基为此付出了数倍努力。他不断模仿各个时代的作品，并练习着将其转换成自己的风格。就在他认真作曲之际，斯特拉文斯基遇到了给他的人生带来转机的贵人，他就是芭蕾舞导演谢尔盖·迪亚吉列夫。居然不是被音乐家，而是被一位芭蕾舞导演改变了人生，你是不是感觉很不可思议？

谢尔盖·迪亚吉列夫

当时迪亚吉列夫创办了俄国芭蕾舞团，并以艺术之都巴黎为中心，在整个欧洲有着极高的人气。于是在某一天，一位极具柯萨科夫特色的新人作曲家，也就是斯特拉文斯基出现在了他的视野中。其中还有一件非常有趣的事情，迪亚吉列夫也和斯特拉文斯基一样，曾攻读过法学专业，之后才转学音乐，并且他也曾是柯萨科夫的弟子。如果说斯特拉文斯基只是未曾受到老师的关注，默默地学习了4年后出徒，那迪亚吉列夫则从一开始就被老师残酷地告知："你没有天赋，还是放弃吧。"此后，他就转做了芭蕾舞导演和策划。

这样的事情可能对某些人来说如同晴天霹雳，但是迪亚吉列夫却把它当作人生的转折点。此后，他不再亲自作曲，而是邀请当时走红的作曲家合作演出。如此看来，他被斯特拉文斯基吸引，也许正是因为两人这奇妙的相似之处吧？

决定与迪亚吉列夫合作的斯特拉文斯基开始正式创作芭蕾舞曲，他的第一部芭蕾舞曲《火鸟》于1910年面世。《火鸟》首演的前一天，迪亚吉列夫找到斯特拉文斯基，对他说了"你会成为明日之星"这样一句如同电影台词般的鼓励话语。这句话就如同预言一样，第一部芭蕾舞剧的首演确实非常成功，斯特拉文斯基瞬间步入了高人气作曲家的行列。以印象主义的代表作家德彪西为首的艺术界众多名人都观看了《火鸟》的首演，整个欧洲都在关注着迪亚吉列夫力捧的新人作曲家的华丽首秀（指芭蕾舞曲的首演），最终《火鸟》收获了极高的好评。

推荐曲目02：《火鸟》

《火鸟》讲述了捉到神秘火鸟的伊凡王子的故事。故事中王子被魔法师抓住陷入危机后，在火鸟的帮助下成功逃脱，最终与公主结婚，幸福地生活在一起。这一作品是以俄国传说为基础创作而成的，处处有着俄国民谣的旋律，是一首满是创新尝试的芭蕾舞曲，后世评价其对20世纪的音乐产生了巨大的影响。

虽然开始得比别人晚，但是斯特拉文斯基凭借《火鸟》走红时才28岁，也就是说，他以作曲家的身份正式亮相才不到5年，就开始绽放如此耀眼的光芒。讲到这里，我经常会想起"机会"和"幸运"这两个词，如果斯特拉文斯基认为自己为时已晚，不开始学习音乐；如果他因一直没能得到老师的关注，认为自己不可能成功，而中途放弃；如果他一直没能写出曲子，无法精彩亮相……如果真是这样，那么就不会遇到迪亚吉列夫，也不会写出《火鸟》这部伟大的作品了。

我想，斯特拉文斯基能抓住迪亚吉列夫给的机会，是否也是他之前的努力所带来的幸运礼物呢？

无论发生什么事都不要从舞台上逃跑

凭借《火鸟》走红的斯特拉文斯基和迪亚吉列夫立刻开始了下一部作品的创作，这部作品就是《彼得鲁什卡》。在日本电视剧《交响情人梦》中，主人公野田妹曾演奏过这首曲子，而且演奏得乱七八糟，故而让很多不关注古典音乐的人也知道了这部作品。《彼得鲁什卡》大胆地讲述了悲剧的爱情故事，揭露了当时俄国底层民众悲惨的生活现状，只看情节就让人觉得非常发人深省。音乐运用独特的和声呈现跳跃的旋律，采用了芭蕾舞台剧中剧（剧里有剧）的形式，将人偶选作主人公，所以渴望获得新鲜感的观众一下子就被迷住了。

推荐曲目03：《彼得鲁什卡》

"彼得鲁什卡"是指俄国的木偶娃娃。斯特拉文斯基的《彼得鲁什卡》讲述了三个木偶被复活后引发的一系列趣事和爱情故事。被评价为迪亚吉列夫策划的芭蕾舞剧中最优秀的作品。由这部作品改编的钢琴版本也非常有名。

因接二连三的成功而自信心大涨的斯特拉文斯基，开始创作已经构思了很久的乐曲，这部作品就是斯特拉文斯基的代表作《春之祭》。光看曲名就容易让人联想到花仙们在草地上跳跃玩耍的样子，以及优美的华尔兹风格的旋律，但是又包含着与春天举行的祭祀仪式相似的内容。这部作品使用充满生机和活力的旋律，赋予了曲子生命萌动的季节感。舞蹈演员们如同献祭品一样，跳着怪异的舞蹈。光是看这些文字描述，是不是就觉得很新奇？

其实创作者斯特拉文斯基在作品发表的前一天也是惶惶不安的，他曾说："这次演出可能要完蛋了。"策划芭蕾舞剧的迪亚吉列夫甚至亲自去找过指挥，下达指示道："无论观众们有什么反应，都不要从舞台上逃跑，一定要指挥完整场演出。"所以在开始之前，两人都已经做好了这场演出可能会失败的思想准备。

《火鸟》和《彼得鲁什卡》的接连成功，让很多人觉得斯特拉文斯基是可信赖的作曲家，所以去演出大厅看他演出的观众们，生平第一次看到这种诡异的舞姿，听着突破常规的旋律和折磨耳朵的不和谐音，在演出过程中开始大声叫嚷，甚至奚落和嘲讽起来，大厅里充斥着观众们的嘲笑声。嘲笑声越来越大，以至于舞蹈演员根本听不到音乐，因为找不准节拍，编舞家甚至不得不在舞台后面用手打着节拍、数着数字。第一幕结束的时候，剧场的喧闹已经发展成了暴乱，甚至还出动了警察，坐在前排的斯特拉文斯基实在无法忍受观众们的奚落，最终仓皇逃离了演出大厅。

虽然演出现场乱作一团，但是指挥者完美执行了迪亚吉列夫的指示，在他的坚持下，《春之祭》还是被完整地演奏了出来。演出大厅落下帷幕后，整个巴黎都轰动了。各种各样的指责声淹没了斯特拉文斯基，甚至连身为同事的作曲家们也对此给予了差评，表示"斯特拉文斯基应该重新学音乐"。然而，演出策划者迪亚吉列夫却一脸满足，表示"这就是我所希望的"。当时的音乐界仍然没能摆脱传统和声和优美旋律的影响，只喜欢听上去动听、优美的音乐。不过，以《春之祭》为起点，音乐界的版图从此被颠覆。

随着时间的流逝，慢慢地有人将《春之祭》视作新的尝试和变化，开始逐渐接受它。越来越多的文章开始分析斯特拉文斯基的曲子，批评音乐界不能墨守成规，必须朝着新的方向发展，最终斯特拉文斯基被称作"具有全新视角的20世纪音乐界的先锋"，于是重见天日的《春之祭》也作为他的代表作，被保留了下来。

推荐曲目04：《春之祭》

《春之祭》是以原始部族祈祷丰年，向大地之神献祭少女的宗教祭祀为基础，而创作的非常具有原始感和梦幻感的曲子。因其毫无规律的节奏和节拍，不仅对听众来说比较难以接受，甚至对演奏者来说也非常难以驾驭，但这首曲子是斯特拉文斯基的作品中我最喜欢的。

《春之祭》的背景和舞蹈演员

可可·香奈儿爱着的男人？

说到这里，大家一定对这个颠覆了20世纪的男人的爱情故事很好奇吧？斯特拉文斯基有着与名气相符的复杂而精彩的恋爱史。

香奈儿是一位名为可可·香奈儿的设计师创立的法国著名品牌。不继续说斯特拉文斯基的故事，而突然不着边际地提起香奈儿，是因为这两人曾陷入绯闻的旋涡之中。巴黎最当红的时尚设计师和话题热度最高的作曲家，这两人难道真是恋人关系吗？

其实，斯特拉文斯基于1906年和表妹卡特琳娜·诺森科结婚了。表亲间的结合，早已预示了他们将要面临的困难。

在同时代的俄国作曲家拉赫玛尼诺夫的故事中略微提及过,俄国东正教是非常保守的宗教,严格禁止近亲结婚。所以,斯特拉文斯基夫妇也是在很多人的帮助下,隐瞒了表亲关系才偷偷结婚的。克服重重困难喜结连理的两人,在之后的 16 年里琴瑟和谐,并生下了 4 个孩子。卡特琳娜也是一个在音乐上见闻广博的女人,她经常帮助丈夫誊抄乐谱,一起演奏钢琴,是切切实实的贤内助。如果这两个人的故事以"永远幸福地生活在一起"结束就美满了,但是,斯特拉文斯基居然出轨了。他出轨对象是一个名叫薇拉·德·博塞特的舞蹈家,又一个有夫之妇。虽然薇拉和斯特拉文斯基分别在巴黎和位于法国南部的昂格莱组建了家庭,但是两人会偷偷去找彼此,培养感情。卡特琳娜虽然早就察觉到了丈夫出轨,但是却一直假装不知道,继续维持着婚姻关系,直至去世。就在妻子装作一无所知去世后,两人马上开始公开、大胆地幽会,两人的关系持续了近 20 年。

1939 年卡特琳娜去世,第二年薇拉就和斯特拉文斯基结束了不正当关系,两人结婚了。不过薇拉这边有一个大问题,那就是她还没与原来的丈夫离婚。两人隐瞒了薇拉的婚姻状况,强行结了婚。卡特琳娜生下的 4 个孩子早就看不惯往来于两个家庭的父亲了,所以他们完全不接受继母薇拉,甚至在斯特拉文斯基死后,因为遗产问题,将彼此告上了法庭。

那么，香奈儿到底是什么时候出场的呢？其实斯特拉文斯基和香奈儿的关系是由于2009年上映的电影《香奈儿与斯特拉文斯基》才被重新议论的。而香奈儿品牌和香奈儿的首席设计师卡尔·拉格斐对这部电影的积极支持，让电影是根据真实事件改编的主张更为可信。

电影中，两人在斯特拉文斯基创作代表作《春之祭》和香奈儿制作"香奈儿No.5"香水之时已经相爱了，电影中两人的代表作都是从对方身上获得灵感后制作而成的。但实际上，两人的真实关系和电影的情节有很大差异，因为前文介绍过《春之祭》的首演时间是1913年，而他和香奈儿直到1920年才第一次见面。1920年也是斯特拉文斯基和薇拉开始交往的时期，所以电影中所说的与香奈儿相爱之时，实际上斯特拉文斯基已经和薇拉处于恋爱之中了。

之所以推测两人不是恋爱关系，还有另一个原因。斯特拉文斯基是少数几个活着时出版自传的作曲家之一，但是他的自传里有卡特琳娜和薇拉的故事，却没有只言片语提及香奈儿。看到这里大家是不是还有疑虑，"无风不起浪，既然不是恋爱关系，那为什么会有这样的传言呢？"两人的绯闻之所以会被制作成电影，原因出在可可·香奈儿身上。官方所知道的两人的关系，是香奈儿曾短暂地资助过斯特拉文斯基，但是这个故事却被讹传成了香奈儿给斯特拉文斯基提供

可可·香奈儿
照片来源：《与敌共眠：可可·香奈儿的暗战》
哈尔·沃恩著

了家，然后突然发展成了两人同居说。后来可可·香奈儿对这个疑问也没有矢口否认，而是说得模棱两可，表现得就好像斯特拉文斯基和自己相爱过一样，因此，这个传闻也就变成了既定事实。没有任何人再去过问的绯闻，在公司和首席设计师的支持下被影视化后，两人的恋爱传闻并非空穴来风的疑惑又再次被唤起。

即便没有确凿证据，但是两人的爱情故事还是总被人们提起，这莫不是源于大众对于撼动了音乐和时尚版图的这两位名人隐秘爱情的希冀吗？

推荐曲目05：《婚礼》

这是以俄国农民的婚礼为主题创作的芭蕾舞曲。《春之祭》中尝试过的原始的音乐要素在《婚礼》中再次出现。《婚礼》中打击乐的使用非常突出，非声乐部分只用打击乐器来完成，其中的4架钢琴也被当作打击乐器使用。这首曲子由两部构成，总共4个场景：新娘家、新郎家、新娘出发、婚礼庆典。这首曲子是斯特拉文斯基献给迪亚吉列夫的。

俄国作曲家"三人组" 343

巴黎犀利的"毒舌家"

斯特拉文斯基还是一位非常犀利的"毒舌家"。从他开始掌控巴黎艺术界起,他对于作曲家们的毒舌言论就没停过。最典型的毒舌言论就是他评价巴洛克时代的维瓦尔第创作的曲子全都一样,"维瓦尔第并不是在写新的曲子,只不过是对相同的曲子不断改编而已。"还有,他曾抨击亲自来观看自己的演出并给予了好评的印象主义作曲家德彪西,说道:"我认为,所谓的印象主义,或多或少是对追求笼统和模糊这种倾向的一定程度的伪善。"[2] 因为他批判了太多作曲家,甚至有人开玩笑称:"没被斯特拉文斯基骂过的作曲家就不是作曲家。"

如果要找他如此毒舌的原因,或许可以从他本人非常不喜欢"斯特拉文斯基式"的说法,每次都要写出新曲子的事实中窥得一二。所以我猜,他可能对局限于相似风格,或者色彩鲜明的作曲家尤其犀利毒舌。但是大众似乎更喜欢和更容易记住风格鲜明的作曲家,所以对于他犀利的批评无法产生共鸣,反之,责骂他的人不计其数。对此,我们更应该关注的不是毒舌内容,而是斯特拉文斯基能够不看已经在全世界得到众人喜爱的大作曲家们的脸色,敢于质疑和批评,如

---

[2] 对评论家卡尔·范·维克滕的采访内容。

果不是成功人士，这种事情是无法轻易做到的。因为一个不知名的人对谁毒舌，或者进行严苛批评，是不会有任何人关注或嘲笑的。

推荐曲目06：《士兵的故事》

《士兵的故事》讲述的是被恶魔的诱惑所动摇的士兵的故事。因为俄国处于战争之中，出于巡演的经济性考虑，这首曲子是只利用7件乐器（小提琴、低音提琴、单簧管、巴松、小号、长号、打击乐器）编写出来的小规模舞剧。将探戈、华尔兹、进行曲等进行组合，给人以变幻莫测的感觉。

俄国、法国、美国以及威尼斯

斯特拉文斯基虽然出生于俄国，但是他经历了第一次世界大战后就搬到了巴黎，最终加入了法国国籍。此后大约19年的时间都在法国停留，度过了自己的巅峰时期。斯特拉文斯基全身心感受着战争后发生剧变的爱情和艺术，给世界留下了无数名曲。第二次世界大战爆发后，法国被德国占领，斯特拉文斯基迅速和家人一起逃往美国。当时许多艺术家都逃到美国，所以加入美国国籍并不容易。也是因为他在法国取得的名声，斯特拉文斯基在美国受到了热烈欢迎，很顺利地就加入了美国国籍,所以他总共更换过两次国籍,这也算是他独特的经历吧。他人生的最后时刻是在美国度过的。因为他在社交界也很有人气,所以和美国的许多名人相处融洽,在他80岁生日时,甚至连约翰·肯尼迪总统都亲自在白宫接见并给他举办了生日宴会。

斯特拉文斯基从20世纪60年代就开始受到疾病折磨,1971年,他88岁时死于突发的心脏病。在他开始生病时,子女们和薇拉的矛盾就逐渐达到了顶点,这种遗产之争让本就生病的斯特拉文斯基更加头疼。他要求在自己去世后,遗体既不要埋在当时生活的美国,也不要埋在培育他成长为作曲家的法国,更不要埋在祖国俄国,而是出乎意料地埋在位于威尼斯的圣米凯莱岛。其实这个地方也是在斯特拉文斯基的作曲家之路上给予他巨大帮助的芭蕾舞导演、一辈子的好朋友迪亚吉列夫的埋骨之地,也许人生的最后,他还是想和引导自己走上音乐之路的朋友待在一起吧。

"活得真认真啊!"

这是我在写斯特拉文斯基的故事时,一直萦绕在脑海中的想法。不停地创作新作品,没有停止改变作品的风格,不断对音乐进行新的思考和创新,爱情上虽然犯过错,但爱得也算热烈、认真,看着这样的他,我开始反思,自己现在是以怎样的态度生活的?

"音乐只能被接受为音乐，作曲家的任何状态和感情都没有意义。"斯特拉文斯基一直是这样说的，我想知道，你们觉得他的作品怎么样？

推荐曲目07：《安魂圣歌》

圣歌是指以圣经故事为题材创作的小曲形式的赞歌。斯特拉文斯基的《安魂圣歌》部分歌词取自罗马天主教"安魂曲弥撒"，但是它的乐曲构成却和本来的安魂曲不同。它应用了12音（不再使用构成音乐的主音，而是给1个八度里的12个音赋予同等价值，并将之以一定规律排列的音乐，是无调性音乐的作曲技巧之一）中的回旋音列，被评为斯特拉文斯基非常优秀的作品。

斯特拉文斯基的三大芭蕾舞剧

1.《火鸟》

《火鸟》是俄国的古老传说。在魔王卡歇伊居住的城堡的花园中央,有一棵结满黄金果实的树。伊凡王子在那里看到了火鸟在舞蹈,并抓住了那只火鸟。被伊凡王子抓住的火鸟请求他放了自己,于是伊凡王子将火鸟放了,作为谢礼,火鸟将自己的一根黄金羽毛拔下来送给了伊凡。这根羽毛虽然看起来普通,却是能保护身体免受魔法伤害的神秘羽毛。

再次踏上旅程的伊凡抵达了魔王卡歇伊的城堡,在那里,有13位少女被抓了起来,伊凡爱上了其中的一位少女。生气的卡歇伊决定将伊凡变成石头,就在这时,伊凡拿出火鸟的羽毛,向火鸟求助。

伊凡一挥羽毛,火鸟就出现了,并且施法让魔王的随从怪物们疯狂跳舞,他们一个个跳得精疲力竭。等所有人睡着后,伊凡随着火鸟的指引,偷走并砸碎了一个锁着卡歇伊灵魂的巨蛋,蛋刚被砸开,魔王卡歇伊就死了。随着魔法被解除,被卡歇伊抓过来的随从怪物全都变回了人类。伊凡也和自己喜欢的女孩,也就是那位公主,在所有人的祝福下举行了婚礼,舞剧到此结束。

2.《彼得鲁什卡》

《彼得鲁什卡》讲述的是大约在 1830 年,圣彼得堡狂欢节时表演的木偶戏里发生的故事。主人公彼得鲁什卡是一个长相丑陋的民间艺人,他和摩尔人同时爱上了一位芭蕾舞女演员。芭蕾舞女演员拒绝了彼得鲁什卡,和摩尔人相爱了,嫉妒的彼得鲁什卡和摩尔人打了起来,打斗中,彼得鲁什卡被摩尔人用弯刀砍死。人们看到倒在地上的彼得鲁什卡顿时一片哗然,但主人却觉得这不过是一个木偶,所以就将它随意丢弃。本是木偶的彼得鲁什卡变成幽灵出现在屋顶,舞剧也到此结束。

《彼得鲁什卡》中包含了各种各样的俄国民谣和俗曲,音乐色彩非常浓厚,变化丰富。让木偶当主人公,悲剧结尾,以及反映现实的真实性,这些都是这部作品的特征。

3.《春之祭》

《春之祭》分为两部。第一部的正午和第二部的夜晚形成对比。前文介绍的电影《香奈儿与斯特拉文斯基》中有一个片段重现了斯特拉文斯基的《春之祭》的首演舞台,看过电影的人应该能看到演出大厅闹哄哄的首演场面。

第一部以对大地的颂扬开始。春天到了,在俄国异教徒的村庄,正午,开始长出青芽的山丘上,年轻的男女们在跳舞,催促着春天快点儿到来。在这里，互为对手的部族们不断竞争，战斗中部落的长老们到来，开始祈祷，就这样，唤醒大地的祭祀仪式达到了高潮。

　　第二部的献祭，举行了将祭品献给神的仪式。多名少女以夜为背景在跳舞，他们从中挑选出一个少女作为祭品。这个少女神思恍惚地激烈舞蹈起来，最终精疲力竭地倒了下去，先祖的灵魂将少女的尸体举起，送给了太阳神，舞剧结束。

加演

学生时代的我特别喜欢站上舞台。

练习乐曲时那段哭过、笑过的时光,演出前入场观众开心的笑闹,演出开始后投射到舞台上耀眼的灯光,指挥老师的第一个提示信号,沉醉于音乐那一刻迸发的高潮,最后的乐章结束后爆发的掌声,以及送来的漂亮花束……这些都让我心潮澎湃,欢喜至极。

就算是落幕后,独自感受熄了灯的舞台的冷清也很好。每当想到"现在暂时不需要演奏这首曲子了吧?"过去的那些时光,感觉就好像遥远的梦一样。

如此看来,舞台说不定就是我们生活的缩影。做事前准备,发挥全部实力展示自己,接受他人的评价,结束后必须耐得住独处的时间,这些就好像人的一生。

本书写了几年,仔细研究了登上过全世界最华丽舞台的18位作曲家的一生,有人活得绚烂,有人感到孤独,有人死得悲凉,虽然他们走上的舞台相似,但是帷幕落下后的样子却不尽相同。

我突然很好奇，你们站在什么样的舞台上。你们做好演奏开始的准备了吗？现场观众来了多少呢？你们爱自己的舞台吗？

当然，如果我们全都拥有"舞台体质"那就好了，但是如果你还不够自信，或者想到的回答是否定的，那也没关系。如果这次演砸了，那下次演出再好好表现就行了。

无论大家是以怎样的面貌站在什么样的舞台上，我衷心希望，舞台灯光投射到你们头顶的瞬间，你们不再颤抖，而是开怀大笑，我真心希望那一天能早日到来。

附言

有一句俗语："养育一个孩子，需要一个村庄的力量。"本书的诞生得到了许多人的帮助，我很想借此机会，写下所有我要感谢和我所爱的人的名字，但是这本书的人名已经实在太多了，所以请大家少安毋躁，我会尽快亲自上门表达对你们的感谢，谢谢你们对我的支持和帮助！

参考文献

<共同>

韩文版

[01] 金文子.听和学的西洋音乐史.沈雪堂, 1993.
[02] 金英熙.法国歌剧作曲家15.Vizandbiz, 2012.
[03] 闵恩基.给21世纪音乐家的巴洛克音乐的历史解析.音乐世界, 2006.
[04] 闵恩基.西洋音乐史:从毕达哥拉斯到爵士.音乐世界, 2013.
[05] 闵恩基, 申慧承.Classic A to Z:西洋音乐的理解.音乐世界, 2014.
[06] 闵恩基, 朴乙美, 乌以敦, 李南载.西洋音乐史1-2.音乐世界, 2014.
[07] 朴乙美.给所有人的西洋音乐史1-轻松阅读西洋音乐史100场面.Grama企划, 2018.
[08] 金勇焕.给所有人的西洋音乐史2-轻松阅读西洋音乐史100场面.Grama企划, 2017.
[09] 李京美.伟大作曲家隐藏的面孔.朝鲜新闻出版社, 2019.
[10] 李南载.17世纪音乐.音乐世界, 2006.
[11] 李南载.18世纪音乐.音乐世界, 2006.
[12] 陈回淑.推动音乐史的100人:从毕达哥拉斯到施托克豪森, 创造音乐历史的人.清雅出版社, 2013.
[13] 崔熙成.从人物看西洋音乐史:浪漫主义音乐.书林堂, 2016.
[14] 崔熙成.从人物看西洋音乐史:巴洛克音乐.书林堂, 2016.
[15] 韩寿雄.歌剧作曲家的生平和作品.余白传媒, 2015.
[16] 洪世元.西洋音乐史.延世大学出版部, 2001.
[17] 洪世元.古典派音乐.延世大学出版部, 2005.
[18] 洪世元.浪漫派音乐.延世大学出版部, 2010.
[19] 洪世元.西洋音乐史Ⅰ:中世纪文艺复兴巴洛克.延世大学大学出版文化园, 2014.
[20] 洪世元.西洋音乐史Ⅱ:古典浪漫现代.延世大学大学出版文化园, 2014.

译本

[01] Howard Goodall, 张浩延译.霍华德·古道尔重写的音乐故事.Mujintree, 2015.
[02] Donald J. Grout, Claude V. Paliska, J. Peter Burkholder, 闵恩基外译.格劳特的西洋音乐史（上，下）.E&B Plus, 2007.
[03] Rey M. Longyear, 金慧善译.19世纪浪漫主义音乐.大桥, 2001.
[04] Elizabeth Lunday, 都熙珍译.伟大音乐家不可思议的人生故事.西格玛书籍, 2010.
[05] Pierre Bernac, 沈鲜花译.法国艺术歌曲的解析.绿林出版, 2001.
[06] 6. Harold C. Schonberg, 金源一译.伟大作曲家的生活1.Kul, 2020.
[07] Nikolaus Harnoncourt, 姜海根译.巴洛克音乐说"话".音乐世界, 2006.
[08] Clive Unger-Hamilton, 金刑秀译.古典音乐, 与巴洛克时代的相遇：巴赫亨德尔维瓦尔第的时代.PHONO, 2012.
[09] Stephen Johnson, 金志良译.古典音乐, 与古典时代的相遇：海顿莫扎特贝多芬的时代.PHONO, 2012.
[10] Merry Cyr, 杨承烈译.演奏巴洛克音乐.尚志院, 2007.
[11] Christiane Tewinkel, 函秀玉译.一口气读完的趣事音乐史.热带林, 2014.
[12] Wendy Thompson, 郑任民译.伟大作曲家的生涯和艺术：配图看古典音乐.七叶树书籍, 2007.
[13] Reinhard G. Pauly, 金慧善译.古典时代的音乐.大桥, 2000.
[14] David Poultney, 李福南译.西洋音乐史.艺堂出版社, 2005.

原版

Susan Adam.Red Priest of Venice.Minnesota: Lion Publishing, 2011.

<按作曲家分>

维瓦尔第

[01] 李珍友, 白承英.人生教科书尼采：去爱你的命运吧.21世纪书籍, 2016.
[02] Donald J. Grout, Claude V. Palisca, J. Peter Burkholder, 闵恩基外译.格劳特的西洋音乐史.E&B Plus, 2009.
[03] 音乐之友社.维瓦尔第.音乐世界, 2002.

巴赫

[01] 陈英哲.约翰·塞巴斯蒂安·巴赫的一生和音乐遗产.德国学研究16, 2000.
[02] 哈罗德·C.勋伯格.伟大作曲家们的生活1.金源一译, Kul, 2020.

参考文献　355

[03] 安娜·玛格达琳娜,金美玉译.我的丈夫巴赫.有井之家,2002.
[04] Malcolm Boyd. Bach.Oxford University Press,2000.
[05] 约翰·尼古劳斯·福克尔,姜海根译.巴赫的一生与艺术、作品.汉阳大学出版部,2020.
[06] Andrew Parrott.The Essential Bach Choir.Woodbridge: Boydell Press,2000.
[07] John Walter Hill.Baroque Music.New York: W.W.Norton & Company,2005.
[08] 闵恩基.生平第一次听的古典音乐课-3.社会评论,2020.

亨德尔

[01] 哈罗德·C·勋伯格,金源一译.伟大作曲家们的生活1.Kul,2020.
[02] 闵恩基.生平第一次听的古典音乐课-4.社会评论,2020.
[03] 罗曼·罗兰,林熙槿译.亨德尔：音乐的世界名人.PH0NO,2019.
[04] Steven Isserlis,高正雅译.Why Handel waggled his wig: and lots more stories about the lives of great composers.飞龙所,2013.

海顿

[01] 音乐之友社.海顿.音乐世界,2002.
[02] David Vickers,金炳花译.海顿的生活与音乐.PHONO,2010.
[03] H.C.Robbins Landon, David Wyn Jones.Haydn:his life and music.Indiana University Press,1988.

莫扎特

[01] 金承贤.莫扎特：天才作曲家的音乐之路,从萨尔茨堡到维也纳.Arte,2018.
[02] 闵恩基.生平第一次听的古典音乐课-1.社会评论,2018.
[03] Peter Gay, Mozart,郑英牧译.莫扎特：音乐任何时候都是快乐的.绿林,2006.
[04] Landon, H.C.Robbins,金良熙译.1791,莫扎特最后的日子.Andbook,2006.
[05] 沃尔夫冈·阿玛多伊斯·莫扎特,金尤东译.莫扎特的信.Circus,2018.
[06] 沃尔夫冈·阿玛多伊斯·莫扎特,朴恩英译.莫扎特,千次的亲吻.艺谈,2001.
[07] Karl Barth,文成慕译.卡尔·巴特写的莫扎特故事.艺率,2006.
[08] Norbert Elias,朴美爱译.莫扎特的社会肖像：对天才的社会学考察.PH0NO,2018.
[09] Wolfgang Amadeus Mozart, Hans Mersmann.Letters of Wolfgang Amadeus Mozart, Translated from the German by M.M.Bozman.New York: Dover Publications,1972.

贝多芬

[01] 音乐之友社.贝多芬.音乐世界,2002.
[02] Romain Rolland,李徽英译.贝多芬的一生.文艺出版社,2005.
[03] 闵恩基.生平第一次听的古典音乐课-2.社会评论,2019.
[04] 闵恩基,朱大昌.贝多芬:战胜苦难,走向欢乐.21世纪书籍,2016
[05] 林贤政.送你一个贝多芬:有趣到让你通宵阅读的贝多芬故事.领跑人,2020.
[06] Martin Geck,马承日译.贝多芬:在思维和热情的五线谱纸上描绘宇宙.书籍校园,2020.
[07] Martin,Russell,文明植译.贝多芬的头发.Jiho,2014.
[08] Anne Pimlott Baker,李宗吉译.贝多芬评传.吉尔山,2019.
[09] Ludwing van Beethoven,金珠英译.贝多芬,永远的信.艺谈,2000.
[10] Maynard Solomon,金炳花译.路德维希·凡·贝多芬1.韩路艺术,2006
[11] Chris Stadtländer,洪明熙译.贝多芬和他的女人们:无比混乱,天才的日常和爱情.思考之树,2002
[12] Jeremy Siepmann,金炳花译.贝多芬的生活与音乐.PHONO,2010.
[13] Jan Caeyers,洪恩正译.贝多芬路,2018.

门德尔松

[01] Neil Wenborn,金炳花译.门德尔松的生活和音乐.PHONO,2010.
[02] 闵恩基.费利克斯·门德尔松:传统和进步的较量.音乐世界,2009.
[03] 李秀英.脆弱时的力量之源:名曲里隐藏的门德尔松的眼泪.书与美,2019.
[04] Felix Mendelssohn-Bartholdy.Selected letters of Mendelssohn edited by W.F.Alexander. London: Swan Sonnenschein & co,2015.
[05] R.Larry Todd.Mendelssohn essays.New York: Routledge,2008.
[06] R.Larry Todd.Mendelssohn: A life in music.Oxford; New York: Oxford University Press,2005.

舒伯特

[01] 金文子.听和学的西洋音乐史.沈雪堂,1993.
[02] 金文景.天生的浪子:三十一岁舒伯特的悲欢之歌.潮水,2008.
[03] 罗承仁.舒伯特三组套曲:爱情与流浪之歌.韩路社,2019.
[04] Elizabeth Norman Mckay,李锡浩译.舒伯特评传.风月堂,2020.
[05] Hans-Joachim Hinrichsen,洪恩正译.弗朗茨·舒伯特.弗朗茨,2019.
[06] Ernst Hilmar and Reinhard G. Pauly.Franz Schubert in his time, translated by Portland. Or.: Amadeus Press,1988.

肖邦

[01] 金勇德.小谈波兰史.YES24，2017.
[02] 刘延亨.肖邦及乔治·桑与其他的爱人.音乐春秋社，1994.
[03] 申溪昌.不同作曲家的名曲解说库.音乐世界，2000.
[04] 柳江浩.我爱的肖邦.Book Korea，2015.
[05] Jamas Huneker.Chopin : the man and his music.Dover Publications，1966.
[06] Jim Samson.The music of Chopin.Oxford: Clarendon Press，1994.
[07] Alan Walker.Fryderyk Chopin: a life and times.New York: Farrar, Straus and Giroux，2018.
[08] Jeremy Nicholas，林熙槿译.肖邦的生活和音乐.PH0NO，2019.
[09] Franz Liszt，李世珍译.我的朋友肖邦：诗人的灵魂.PH0NO，2016.
[10] 西尔维·德雷格·姆温，李宰熙译.天才音乐家肖邦和女性小说家桑：浪漫的爱情和艺术.白鹿，1991.
[11] Camille Bourniquel，金美爱译.肖邦.三好出版社，1992.
[12] Alan Walker，金庆林译.肖邦研究.泰林出版社，1997.
[13] 安德烈·纪德，林熙槿译.肖邦笔记：最纯粹的音乐.PH0NO，2015.
[14] Alfred Cortot，李世珍译.寻找肖邦：比尔图·奥索的面目.PH0NO，2019.

李斯特

[01] Elizabeth Lunday，都熙珍译.伟大音乐家不可思议的人生故事.西格玛书籍，2010.
[02] 克里斯蒂娜·特温克尔，函秀玉译.一口去读完的趣事音乐史.热带林，2014.
[03] 哈罗德·C·勋伯格，金源一译.伟大作曲家们的生活1.Kul，2020.

舒曼和克拉拉

[01] 罗伯特·舒曼，李起淑译.音乐和音乐家-浪漫时代的中心.PH0NO，2016.
[02] Elizabeth Lunday，都熙珍译.伟大音乐家不可思议的人生故事.西格玛书籍，2010.
[03] 科纳.音乐家克拉拉·舒曼-让全世界响起钢琴旋律（引领世界的女性力量3）.VOOXS，2011.
[04] Nancy B. Reich，张子妍，荷仁慧译.克拉拉·舒曼评传.庆北大学出版部，2019.
[05] Berthold Litzmann，林善熙译.舒曼和克拉拉：感情上、音乐上都如同命运般的恋人！.隅石，1998.
[06] Michel Schneider，金南珠译.舒曼内心的风景.那本书，2014.
[07] Robert Schumann，李起淑译.音乐和音乐家-浪漫时代的中心，PH0NO，2016.

勃拉姆斯

[01] 徐锡洙，给勃拉姆斯的信：勃拉姆斯的生活和作品.艺率，2012.
[02] 李承一，勃拉姆斯评传.风月堂，2017.

瓦格纳

[01] 金文焕.瓦格纳的生平和艺术.榉树，2006.
[02] 朴俊勇.瓦格纳和奥德赛.CD指南，2002.
[03] 李东龙.瓦格纳的革命和爱情：音乐剧和未来艺术的理解.Ippar，2012
[04] 赵成冠.德国喜欢的天才们：从歌德到瓦格纳.热带林，2018.
[05] Friedrich Wilhelm Nietzsche，崔文主译.拜罗伊特的理查德·瓦格纳；遗稿：1875年初～1876年春.书籍世界，2005.
[06] Richard Wagner，严善爱译.尼伯龙根的戒指.生活与梦想，1997.
[07] Charles Baudelaire，李忠薰译.理查德·瓦格纳：未来的音乐.PHONO，2019.
[08] Stephen Johnson，李锡浩译.瓦格纳的生活和音乐.PHONO，2012.

德彪西

[01] 申仁善.德彪西的大海.音乐世界，2010.
[02] 金锡兰.与德彪西的激动相逢.奥尔林，2020.
[03] Mary Sperling McAuliffe，崔爱利译.美好时代1871-1900：莫奈、马内、左拉、埃菲尔、德彪西和朋友们.岘岩社，2020.
[04] E.Robert Schmitz，金兰希译.德彪西钢琴作品和演奏解析.音乐春秋社，1995.
[05] Anthony Girad，朴正相译.德彪西的音乐语言分析：以12首钢琴练习曲为基础.水门堂，2017.
[06] Catherine Kautsky，拜仁慧译.德彪西的巴黎：美好年代的肖像.万福堂，2020.

拉威尔

Arbie Orenstein，全慧秀译.拉威尔的生活和音乐.音乐春秋社，2000

柴可夫斯基

[01] 赵成冠.彼得堡喜欢的天才们：从普希金到柴可夫斯基.热带林，2014.
[02] 韩尚熙.冬日幻想——柴可夫斯基的生平和恋爱关系深层分析.上地，2012.
[03] David McCleery，金刑秀译.古典音乐，与浪漫时代的相遇：肖邦勃拉姆斯柴可夫斯基的时代.PHONO，2012.
[04] Jeremy Siepmann，金刑秀译.柴可夫斯基的生活和音乐.PHONO，2011.
[05] Everett Burton Helm，尹泰源译.柴可夫斯基.韩路社，1998.

拉赫玛尼诺夫

[01] 朴尤美.钢琴文献.音乐春秋社，2011
[02] 世光出版社编辑部.RACHMANINOFF.世光出版社，1980
[03] Geoffrey Norris，Rachmaninoff. New York: Schirmer Books.New York: Maxwell Macmillan International，1994.
[04] Nathan Milstein，Solomon Volkov，李智英译.从俄国到西欧：内森·米尔斯坦的音乐回顾和记忆.正源，2019.
[05] Fousnaquer, Jacques-Emmanuel，金仁心译.Rachmaninoff.中央日报社，1995.

斯特拉文斯基

[01] 金成贤.今天的古典音乐：从斯特拉文斯基到陈恩淑现代作曲家40人列传.艺术图书，2010
[02] 郑俊浩.斯特拉文斯基：现代音乐的沙皇.乙酉文化社，2008
[03] David Nice，李锡浩译.斯特拉文斯基的生活和音乐.PHONO，2014
[04] Mary Sperling McAuliffe，崔爱利译.新世纪的艺术家们1900-1918：毕加索、斯特拉文斯基、普鲁斯特、居里夫人和朋友们.岘岩社，2020.
[05] Igor Stravinsky，朴文成译.斯特拉文斯基：我的生平和音乐.智文社，1990.
[06] Igor Stravinsky.与斯特拉文斯基的对话.三好出版社，1986.
[07] Igor Stravinsky，安约烈译.音乐诗论.伟大出版部，1981.
[08] Igor Stravinsky，李世珍译.音乐的诗学.民音社，2015.